生活·讀書·新知 三联书店

两个威廉与长城的故事

［英］威廉·林赛 著
William Lindesay

李竹润 译

Copyright © 2021 by SDX Joint Publishing Company.
All Rights Reserved.

本作品版权由生活·读书·新知三联书店所有。
未经许可，不得翻印。

图书在版编目（CIP）数据

两个威廉与长城的故事/（英）威廉·林赛（William Lindesay）著；李竹润译. —北京：生活·读书·新知三联书店，2022.1
ISBN 978 – 7 – 108 – 06868 – 2

Ⅰ.①两… Ⅱ.①威… ②李… Ⅲ.①长城–介绍 Ⅳ.① K928.77

中国版本图书馆 CIP 数据核字（2020）第 073501 号

特邀编辑	李　欣
责任编辑	徐国强
装帧设计	康　健
责任印制	徐　方
出版发行	生活·讀書·新知 三联书店
	（北京市东城区美术馆东街 22 号 100010）
网　　址	www.sdxjpc.com
图　　字	01-2021-5570
经　　销	新华书店
印　　刷	天津图文方嘉印刷有限公司
版　　次	2022 年 1 月北京第 1 版
	2022 年 1 月北京第 1 次印刷
开　　本	720 毫米 × 1020 毫米　1/16　印张 21.5
字　　数	288 千字　图 306 幅
印　　数	0,001 – 3,000 册
定　　价	128.00 元

（印装查询：01064002715；邮购查询：01084010542）

一百多年前,威廉·盖洛在他的《中国长城》一书的开头用幽默的语言写下了这样几句话,可以看出他当时似乎有些酸楚的心情:

> 这是中国的万里长城——地理学家告诉大家的就只有这句话。长城是用什么建造的?是不是用瓷器建造的?如果是的话,为什么要用瓷器建造?长城现在有多长?曾经有多长?对不起,统统不知道。

目　录

序言　　i

第一章　两个威廉的长城故事　　1

第二章　威廉·盖洛在其故乡的消失和再现　　11

第三章　长城形象钩沉：地图、绘画和照片　　59

第四章　百年回望，重摄长城　　81

　　一、玉门关地区　　94

　　二、嘉峪关地区　　129

　　三、陕北地区　　160

　　四、涞源地区　　176

　　五、北京地区　　205

六、古北口地区　　271

　　七、山海关地区　　295

结束语　长城重访，仍将继续　　323

参考书目　　327

关于图片　　330

序　言

　　我的祖母很少谈论她的丈夫威廉·埃德加·盖洛（William Edgar Geil）博士。1925年，在他们结婚仅仅十三年之后，祖父便去世了。这对于祖母的心灵无疑是一个无法愈合的伤口。儿时的我经常在多埃斯顿城（Doyleston）的住宅"荒原之家"里玩耍，搜遍了每个角落，然而，盖洛博士的书房是个例外，因为它的门老是锁着的。

　　根据我们家族的口传历史，盖洛博士不仅是基督徒和浸礼会传教士，还是一位著名的演说家和多产作家。是他建造了"荒原之家"——那个红色屋顶、钢筋水泥的大院。在那里，我和家人经常与祖母一道享用星期日晚餐。盖洛博士酷爱旅行，曾经在非洲、巴勒斯坦、南太平洋地区以及亚洲探险。毫无疑问，全程考察并拍摄中国的万里长城，是他一生中最伟大的成就。在历史上，他率先完成了这一壮举。

　　1959年，祖母康斯坦丝·盖洛女士去世，之后我母亲着手收拾"荒原之家"，打算把它卖掉，其间我得以首次进入盖洛博士的书房。由于多年没有收拾，书房里肮脏不堪，尘灰中堆积着书籍、箱子、纸张以及他的探险手记。在其中一个书架的下面，我找到了一个小箱子，里面装着他那个时代的中国物件，其中有十六罗汉拓像。尽管如此，祖父对于我仍是一个谜团。

约翰·莱科克照片

  1987年，电视报道说一个名叫威廉·林赛（William Lindesay）的英国人从长城一端步行到另一端，并且说他是走完长城全线的第一个外国人。当时我就想："不，不是他！是我祖父，我祖父在他之前好几十年就走完了长城全线！"那时，我根本无法想象二十年后威廉·林赛竟然能找到我！威廉·林赛不仅最终揭开了关于盖洛博士的种种谜团，而且揭示了1908年盖洛博士长城探险的现实意义。

  在这本《两个威廉与长城的故事》(The Great Wall of Two Williams)里，威廉·林赛重摄了我的祖父以及其他早期探险家拍摄照片的地方。这使我着了迷："小"威廉找到了那么多"老"威廉的长城拍摄地点，而且机位分毫不差，就连GPS怕也望尘莫及！这些成对的新老照片直观地显示了长城的过去与现在。对于我的家族，这意味着一位先辈的"重生"——在被遗忘几十年后，这位先辈出众的业绩终于得到了承认。

约翰·莱科克（John Laycock）

2012年6月于美国密歇根州

【第一章】

两个威廉的长城故事

两个威廉与长城的故事

威廉·盖洛肖像

我把拇指和食指组合成一个长方形，模拟着身边这张老照片中的取景，哈，"拉近"一点儿，就是这里了，老照片的拍摄地点终于找到了！我深吸一口气，将老照片慢慢举起，直到与肩膀平齐，仔细审视，反复确认，没错，此处长城及其背景与老照片完全一致。一种感觉涌上心头，奇妙而又兴奋。又一个威廉到这里来了！我——威廉·林赛——此时此刻就站在他——威廉·盖洛——一个世纪前驻足的地方，分毫不差。威廉·盖洛对他面前的长城是这样描述的："此处长城十分壮丽，为万历皇帝所修。"遗憾的是我来得太晚了——让威廉·盖洛赞叹不已的四座敌楼，早已损毁。尽管如此，我想，用"壮丽"一词来描述这段长城，也绝非夸大。

沸腾的心潮终于平复，我开始拍摄现在的长城。这是"重摄技术"——一种用新老两幅照片沟通历史和现实的摄影技术。对我来说，这并非易事。最大的挑战是在世界最长的建筑物蜿蜒穿过的广袤的地域里寻找一个小得不起眼的地方。

第一章　两个威廉的长城故事

威廉·林赛的照片

如果把一个地方的相关坐标事先输入卫星定位系统（GPS）的存储器，然后再原路返回搜寻，那么事情就容易得多了。然而，一个世纪前拍摄长城的威廉·盖洛给我提供的唯一线索是只言片语的文字说明。比如我面前的这张图片上只写着"Paishih K'ou，距 Futuyeh 六十里"（白石口，距浮图峪六十里）。是直线距离六十里还是实际距离为六十里？而当我向过路的人询问时，把"Futuyeh"读出来，人们不是耸耸肩膀就是满脸迷茫地瞪大了眼睛——也难怪，现在的中国有多少人知道19世纪的威妥玛式拼音（Wade-Giles romanization）？寻找长城老照片的拍摄地，首先我得找到老照片拍摄的大致地点，随后在村里走家串户，让人们看老照片，如果走运的话会有老人指点迷津。假如这招失败，我只好爬上能够遍览周围景观的最高点，登高远望，希望能发现这里长城的蜿蜒姿态及天际轮廓与老照片是否吻合。

下面的事情就要靠直觉了，更具体地说，是把视力、腿功与想象力结合起

盖洛的中文名片

来，确定重摄长城的准确地点。向前看，仔细观察蜿蜒伸向远方的长城；再往下看，认真审视周围景物，与手中的老照片对照；随后，为了找到老照片的拍摄地点，我会在密不透风齐肩深的灌木丛中蹚出一条路（如果找对了，那么这灌木丛也是长城的变化之一）。艰难跋涉的同时，我的信心也在增长。老照片的拍摄地点，可能近在咫尺！看，这段长城的地平线轮廓与老照片完全吻合，老照片肯定是在前面某个地方拍摄的。此时此刻，信心转化成了信念，就像我再次与故去的威廉站在了一起。

威廉·盖洛来自美国宾夕法尼亚州多埃斯顿城。作为探险家兼传教士，他于1908年成了全线考察长城的第一人。与多数探险家不同，他在返回祖国的时候除了自己拍摄的照片之外什么都没有带走。回国后，他到处发表演讲，介绍自己考察长城的经历；而在此之前，长城在中国以外的地方鲜为人知。他的演讲往往座无虚席，他用烛光幻灯机放映的长城形象，尽管图像摇曳不定，却使听众为之倾倒。1909年，盖洛的著作《中国长城》(*The Great Wall of China*) 问世，这无疑是第一部外国人关于中国万里长城的专著。

然而我首次"结识"威廉·盖洛，并不是因为有意重摄长城，而是通过玛约里·黑塞尔·笛尔曼(Marjorie Hessell Tillman)女士的牵线搭桥。第二

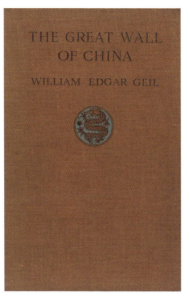
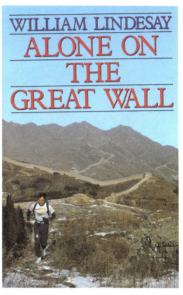

威廉·盖洛所著
《中国长城》一书封面

威廉·林赛所著
《独步长城》一书封面

次世界大战前,笛尔曼女士曾与担任伦敦《泰晤士报》记者的丈夫一道在日本东京居住,他们收藏了大量关于亚洲历史、文化的书籍,其中便包括威廉·盖洛所著的《中国长城》。1989年的一天,已返回伦敦居住的笛尔曼女士在无线电广播里听到我在播讲自己不久前完成的长城探险,以及刚刚出版的《独步长城》(Alone on the Great Wall)一书。笛尔曼女士认为,威廉·盖洛所著《中国长城》的下一个拥有者非我莫属;不久,她便把书寄给了我。

《中国长城》里使用的照片,无论是数量还是质量,都令我惊叹不已。其中一幅照片展示的长城似曾相识,引起了我的好奇。这段长城在北京以东大约150公里处河北省一个偏僻的地方。我对这段长城了如指掌,因为1987年我不仅到过那里,而且在那里逗留了很长时间,为的是以它为背景用相机定时器给自己拍

两个威廉与长城的故事

罗文峪，威廉·盖洛摄

一张照片。或许是命运使然，编辑把这张照片用在了《独步长城》一书中。就这样，相隔八十年的老少两个威廉在此相遇了——威廉·盖洛坐在地上，头戴一顶盔帽；而威廉·林赛戴着一顶军用皮帽在行走。然而，我注意到新老两张照片有一处显著不同，威廉·盖洛的照片上有一座敌楼，而在威廉·林赛的照片上，这座敌楼已经不见踪影。兴奋的心情顿时消失，取而代之的是沮丧。随着岁月流逝，1644年以后不再担任防御功能的长城，也在悄悄改变着容貌。长城，特别是所谓的"野长城"正在消失，很多地段的长城我只能凭借想象构建它昔日的样貌。

罗文峪，威廉·林赛摄

还有一件事情让我感到，长城日积月累的微小变化的确会导致长城的巨变。1982年，我在美国《国家地理》杂志社做客的时候买了一个地球仪，长城是这个地球仪上标出的唯一人造建筑物。关于长城，当时有一个广泛流传却系子虚乌有的赞誉：长城是人类从月球上唯一能用肉眼看到的建筑物。而我赞美长城，则用的是长城是地球仪上标出的唯一建筑物这一铁定的事实。2004年，我再次访问美国《国家地理》杂志社，在那里又买了一个地球仪，却发现地球仪上的长城消失了，是地球仪制造商的疏忽，还是长城真的变短、变矮了？

许多地方的长城已不复存在，这我早就知道；尽管如此，我还是十分伤心。这是因为从儿时起，我就与长城结下了不解之缘。记得我是通过《牛津大学地图集》(Oxford School Atlas) 与长城结识的。兴奋之余，我告诉家人、同学和老师，早晚有一天，我要去中国探险，从万里长城的这一头走到那一头。深受鼓舞的我终于在1987年完成了这儿时的梦想，为时78天。然而，在这78天中，竟有一半时间根本看不到长城。16世纪中期，中国人曾经大规模地修建长城，而20世纪50年代到70年代，长城却遭到空前的浩劫。我徒步考察长城，就是在这浩劫发生后不久进行的。16世纪一些在中国南方活动的耶稣会传教士把关于长城的信息传到了欧洲。他们说，在这个帝国的北部有一道非常长的城墙被用作防御工事。关于长城的信息越来越多地传播到欧洲，用城堞表示的长城终于出现在人类有史以来出版的第一幅中国地图上。这幅中国地图由亚伯拉罕·奥特里斯（Abraham Ortelius）绘制，见于1584年版的《寰宇全图》(Theatrum Orbis Terrarum)。《寰宇全图》问世后仅仅六年，长城就出现在全球第一幅公开出版的世界地图上。从那时起，直到不久前，长城一直作为具有全球意义的标志性建筑物在世界地图上标出。

那么，长城为什么从地球仪上消失？哪里还有长城的残段？长城的保护在哪些地方取得了成功？在另外的地方为何遭到失败？我越来越清晰地意识到，重摄技术能够回答这些问题。重摄，就是把现在的长城拍摄下来，与老照片对比，这样就能直观地显示在这漫长的岁月中长城发生了哪些变化。威廉·盖洛的《中国长城》和他的精彩的长城老照片启发了我，我通过互联网收集并购买了更多的老照片，并且将其加以重摄。

【第二章】

威廉·盖洛在其故乡的消失和再现

清晨时分的沙漠清爽宜人，四周静悄悄的，我等待着朝阳升起照亮大地的那一刻。借助熹微的晨光，我再次长时间地审视手中打算重摄的长城老照片。此时此刻，我意识到，这幅照片为今天的人们保存了一个意义非凡的历史瞬间。

一百一十年前的一天，威廉·盖洛率领他的探险队来到这里，他刚刚走完长城探险的最后一段七十里。这时，在依然有些混沌的地平线上，他日思夜想的景象逐渐清晰起来。那不是海市蜃楼，湛蓝的天空中白云朵朵，白云下面大树耸立，还有壮观的城楼和城墙。盖洛一行穿过距关城之外仅二里，叫作"好运"的牌楼。我想，当这奇观展现在眼前的时候，他们也许会不由自主地回顾起这82天的艰辛跋涉，庆幸自己一路好运。

这些人一路风尘，骑骡马来到嘉峪关。他们有运输给养的骡子伴随，还有两顶轿子。当时这种运输方式随处可见——他们走完这四千多里路，并不全靠骑马。如果说他们的考察具有历史意义，那是因为他们于1908年5月31日从长城东端濒临大海的山海关出发，经过将近三个月的艰难跋涉，终于来到长城西端的嘉峪关。

盖洛一行是在1908年8月21日到达这里的。从画面上的阴影推断，我手中的老照片是在正午之后一两个小时拍摄的。领头的威廉·盖洛那年43岁，他是个身高1.9米的大个子，经过一连几个月骑马跋涉，加上连续几个星期在长城上爬上爬下，他看上去更加高大了。在这胜利的时刻，照片上的他正回过头来审视着镜头。

与盖洛同行的还有探险队的其他成员：有白种人，也有黄种人；有些人伴随盖洛走完全程，也有的人是半路加入。他们中有骡夫、厨师、仆人，有一位翻译和一位科学家，还有一个名叫"黑狗"（Black Dog）的中国人。其中有些人留下了姓名，其他人的姓名则无从考证。他们中多数是中国人，我想可能是在秦皇岛雇用的——威廉·盖洛从旧金山登船，横穿太平洋，在秦皇岛首次登上中国大地。至少有一位翻译与他同行，因此他在途中写的日记中多次使用"我们"这个提法。几乎可以断定"我们"至少包括"约翰·格德（John Gwadey）先生"——我猜想"格德"是"张国迪"的音译，"张国迪"可能是到旧金山淘金的华侨，这次随盖洛返回中国，也许是为了"落叶归根"，为了在祖国万里长城的怀抱中安度晚年。"黑狗"是个年轻人，看上去最多18岁。他可能姓"苟"，苟、狗同音；日晒雨淋使此人皮肤黝黑，因此同伴叫他"黑狗"。不过也有人告诉我，"黑狗"也可能是这个年轻人的小名——那时不少人相信，给自己的孩子取个"贱名"，妖魔鬼怪就不找他了，因为妖魔鬼怪只找"漂亮"的孩子。

以威廉·盖洛为首的这支探险队为长城史增添了新的一页。他们率先走完了长城全线，完成了前无古人的壮举。他们对万里长城的感受，也可以说独一无二，因为他们骑马、步行丈量了长城全线，为此他们腰酸背痛，双脚打满了老茧。探险队中的中国人将在这里踏上返回长城另一端濒临大海的家乡，他们将向家乡的亲友介绍自己怎样陪同一个外国人从长城一端走到长城另一端。毫无疑问，他们会对家乡的人们说，西面的长城与东边的不一样，是用夯土而不是砖石建造的。还可以想象，他们肯定会向听得津津有味的家乡父老介绍关于这个"洋鬼子"的种种趣闻，比如他穿多大的鞋子，比如每逢星期日他就要休息，比如他从不喝酒——对了，他用机器写字，用机器拍照，他还用罗盘辨别东西南北。

威廉·盖洛也在这里掉头向东，他将返回美国，返回他的故乡——位于美国东海岸的宾夕法尼亚州多埃斯顿城。在家乡，他写了一本书，完整地回顾了此次中国之旅。他的这本书，乃是世界上第一部关于中国万里长城的专著。曾经担任京师同文馆总教习的美国传教士丁韪良（W. A. P. Martin，1827—1916）教授指出，通过全线考察长城，"作者对长城这一人类历史上规模最宏大的工程进行了全景式的描述"。

太阳终于升起，照亮了城门。此时，首批游客开始到达。听口音，他们应当来自中国南方。在威廉·盖洛当年拍摄过的嘉峪关城楼下，游客们正在忙于拍摄。

两个威廉与长城的故事

1908年8月21日到达嘉峪关时的威廉·盖洛

嘉峪关东坝门，如今它仍然是进出嘉峪关城的主要城门，威廉·林赛摄于2007年

第二章 威廉·盖洛在其故乡的消失和再现

我想到，今天旅行的舒适、惬意，与当年威廉·盖洛的长途跋涉形成了巨大的反差！所谓"重摄技术"，其实就是再次拍摄若干年前曾经被拍摄过的地方，从而直观地显示从那时到现在这里发生了怎样的变化。

没过多久，就有不少游客聚拢过来看我手中的老照片。其中一位问道："这幅老照片是什么时候拍摄的？"

"是一百一十年前拍摄的，大概是一百一十年前的今天拍摄的。"我回答道。我指着照片上那个骑在马背上的人对那位游客说："他名叫威廉·盖洛，他沿着长城从山海关走到嘉峪关，是全程考察长城的第一人。"

"啊，真了不起！"游客惊呼起来，"这幅照片的确有历史价值。"

凭借他当年拍摄的照片和他写的《中国长城》一书，外加自己的推断，我在嘉峪关用了两天时间把威廉·盖洛的长城探险故事勾画出来。我想，到达嘉峪关后，威廉·盖洛做的第一件事应当是找个落脚的地方。

今天的嘉峪关拥有20多万人口，经济繁荣昌盛，导致市区不断扩大，而一个世纪前的嘉峪关"市"其实就是城圈子里的那一小块。到达之后，一个名叫"杨昆"（Young Quin）的人受命为探险队找地方住宿。那时整个嘉峪关只有五家旅馆，他们在"义兴旅社"（Increasing Righteousness Inn）住了下来。这家旅社在嘉峪关东北角楼下面，威廉·盖洛把轿子停放在这角楼外，并且把一面美国国旗钉在外墙上，随后便开始写当天的探险日志。

日志中提到"克拉克先生"这个名字，但是没有更多的介绍。克拉克与威廉·盖洛一道对城墙进行丈量，丈量的时候，他们俩可能想到还要再骑几天马，因为他们注意到，严格地说，嘉峪关并不是长城的最西端。

记得1986年，我自己首次登上这座关城眺望南边的山脉，只见祁连山脉顶峰白雪皑皑，山下矮麓连成一条线。长城蜿蜒向前，在炙热的沙漠中留下长长的身影。之后我考察了嘉峪关关城外的长城，也就是当年威廉·盖洛和克拉克骑着

威廉·盖洛到达嘉峪关后在"义兴旅社"下榻。图为威廉·盖洛在这家旅馆外写作

骡子考察过的那段长城。万里长城最西端的烽燧背后,就是美不胜收的祁连山谷地。目睹此地此景,我惊喜万分。想当年,克拉克从这个山崖顶上向讨赖河扔了一块石头,数了心跳八次,才听到石头落入水中的声音。

克拉克先生对威廉·盖洛长城探险的贡献,看来主要在"技术"层面。他主要从事测绘工作,具体地说,是对各种高度和距离进行测量。在这里,他回答了威廉·盖洛提出的问题——此次长城探险的路程究竟有多长:

> 此处海拔一英里,那么它距离大海究竟有多远?我们并没有随身携带计步器,因此无法精确测量每天走了多少路。特别是我们经常骑马或骡子,不时得下来估量这"超级防御工事"(Great Barrier)的规模,长城支线、

1882年学生时代的威廉·盖洛（时年17岁）

主线、环线等加在一起，长度大约2500英里……如果所提的问题不是长城本身到底有多长，而是长城东端到西端距离有多远，那就能计算出比较精确的数字了。山海关位于北纬40度、东经119度44分；嘉峪关位于北纬39度51分、东经98度14分。但是应当记住，地球并不是圆球体，而是在极地下陷并因此成椭球体。把所有这些因素考虑在内，克拉克先生推算出长城两端的距离为1142.309英里……考虑到长城两端并不是一寸不差地位于山海关和嘉峪关的中心，可以说两者距离的整数为1145英里。

在这里，威廉·盖洛完成了长城"全景图像"的最后一笔。他早就拍摄了老龙头，现在该拍摄这条长龙的"尾巴"了。他在长城最西端的烽燧前支起了三脚架，但是这样拍摄不能表现它的整体。他要让人们看到"长龙"尾巴的全貌。为

老照片中的威廉·盖洛正在寻找一个能把"长城第一墩"、山崖、山下的讨赖河以及他自己统统纳入镜头的拍摄地点(威廉·林赛2004年用定时器复拍)

第二章 威廉·盖洛在其故乡的消失和再现

了把长城、山崖和山下的河流全部纳入镜头,他在山上仔细寻找,终于找到了山坡上一块平地。在那里,他拍出了理想的照片,不仅有长城"尾巴"的全貌,还有他自己站立在那里的形象。为了充分显示长城"尾巴"的规模,他特地安排两个人站在山崖顶上。

返回途中,威廉·盖洛一行再次合作,为长城那令人惊叹的形象锦上添花。威廉·盖洛站在比他高一倍的夯土长城前留影,几步之外就是山崖上的那块平地。此前他捡了一块砖——是不是在考察某座长城建筑物的时候捡的呢?他把一路随身携带的那面小小的美国国旗插在长城上,双手捧着那块砖。然而,他没有专门拍摄那块砖。也许有人认为,考察长城时捡块砖拿回去做纪念无可厚非;而且砖的重量也不是问题。但事实并非如此。威廉·盖洛写道:

> 手持"最后一块长城砖"拍照,实在太诱人了,我们无法抗拒这一引诱。但是拍照之后,我们就把它扔进山下的"奶油河"(讨赖河)。随后我们捡了紫红色、白色石头各一块,拿回去当镇纸用。

我再次来到祁连山,寻访威廉·盖洛当年的足迹。此时此刻,我不由自主地思索这样一个问题:在中国,无论是长城研究专家还是热心于长城保护的老百姓,几乎人人知道威廉·盖洛这个名字。然而,在他自己的祖国,威廉·盖洛却早被人们遗忘。照片中的威廉·盖洛站在长城旁,身旁插着一面星条旗。每当看到这幅照片,我都要向自己提出这样的问题:为什么竟然没有美国人知道作为长城全线探险第一人的威廉·盖洛呢?

然而,威廉·盖洛等人在嘉峪关,却得到中国人以传统方式给予的款待。他在日志中写道:

我们在嘉峪关逗留期间，这个城堡城市中最高级别的官员前来拜访，向我们表示祝贺。他再三邀请我们光临专门为我在衙门中举行的盛宴。

盛情难却，威廉·盖洛和探险队其他成员出席了宴会。请注意，在探险日志中记载这件事的时候，威廉·盖洛再次使用了"我们"这个词儿——"我们"也许包括"约翰·格德"先生和克拉克先生，也许还有"黑狗"。宴会一共上了19道美味，有些是我在考察西北长城期间最爱吃的，如羊肉、饺子、葡萄干等。特别值得一提的是居然上了海参，这让威廉·盖洛大为惊奇。威廉·盖洛没有提这些东西是否好吃，也没说他自己是不是喜欢吃，然而他向主人索取了一份菜单留作纪念。我想，探险队中来自秦皇岛的人们在这里品尝海鲜，一定会勾起思乡之情。在沙漠中的这座关城中吃海鲜，也许是威廉·盖洛长城探险中的最后一次奇遇。

每当我重摄长城，"更新"老照片上的长城形象；每当我检查现场考察日志上记载的GPS参数等资料，我都在想威廉·盖洛的长城探险日志是否存留了下来？如果存留了下来的话，它们保存在哪里？毫无疑问，今天的人们能从中挖掘出大量信息——是谁陪伴他探险，走了多少路，探险队走过的路线等。对了，对于更早拍摄的长城照片，他还可能长篇大论地予以评论。我的图片库中有好几千幅35毫米照片，全部保存良好。每当我翻阅这些照片，我都会想到当年威廉·盖洛用玻璃负片拍摄了什么。在我沿着他的足迹重新拍摄长城的途中，每路过一个村庄，每次和当地农民交谈，我都要想当年威廉·盖洛是否在这里落过脚，是否见到过这个农民的曾祖父。

我一直在苦苦搜寻威廉·盖洛遗留下来的第一手资料（我将之称为"威廉·盖洛的中国资料库"）。这是我的首要工作，因为2008年是他具有里程碑意义的长城探险一百周年。为了找到"威廉·盖洛的中国资料库"，早在1999

年我就与出版《中国长城》一书的伦敦约翰·穆雷出版社（John Murray Publishers）联系。该出版社资料员非常认真地查找，但最终承认找不到任何关于这本书的档案资料。至于作者的手稿、照片等那就更无从谈起了。在美国，《中国长城》一书由纽约司徒基斯－沃森出版社（Sturgis & Walton Company）推出，然而，这家出版社早在几十年前就倒闭了。

失望之余，我把希望寄托在威廉·盖洛的家乡——美国宾夕法尼亚州多埃斯顿城。我想应当从多埃斯顿城博物馆做起。没想到，该城唯一的博物馆只有威

为了练习使用新型相机和照片冲洗技术，威廉·盖洛拍摄了自己的故乡，还为家族成员照相。当时他与妹妹、姑妈一道住在宾夕法尼亚州多埃斯顿城法院大街。1908年4月，威廉·盖洛告别家乡，踏上了去中国山海关的旅程

廉·盖洛写的书。我想，是不是他把自己的手稿等交给了某个全国性的机构？于是我从最上面查起，向国会图书馆和史密森学会档案馆求助，结果再次让我失望。于是我转而向国家级机构和地方性机构之间的"中层"机构查询，包括纽约探险家俱乐部、纽约地理学会、宾夕法尼亚州博物馆等——所有这些努力也都毫无收获。

威廉·盖洛为什么被他的祖国遗忘？对于这个问题，我百思不得其解。我是英国人，从儿时起，我便多次参观大英博物馆，多次看到英国探险家从海外劫掠来的展品。我知道，这些探险家回国，无不带回大量海外宝物，既有文物，也有动植物标本。这种"习俗"起源于大发现时代，大约在19世纪发展为不成文的硬性"规定"——探险家的赞助者，包括博物馆在内，无不要求探险家用异国他乡的文物回报他们的投入。然而威廉·盖洛是个传教士，完全用自己的财力支持自己的探险活动，因此他没有参加劫掠文物的"主流"活动。比如说一路上他多次见到过石碑，每次都是要助手把碑文抄录下来或拓下来，而不是把石碑挖出来运走。除了照片，他没有从中国拿走任何东西——对于这种超越时代的做法，我非常钦佩。

威廉·盖洛没有带回任何中国文物，这就等于放弃了在美国某家博物馆留名、留影从而名垂青史的机会。

2008年2月末的一天早晨，我收到一封电子邮件，邮件主题是"关于威廉·盖洛的信息"，因此十分诱人。发信人名叫蒂姆·阿达姆斯基（Timothy Adamsky），是美国宾夕法尼亚州多埃斯顿城历史学会成员。从这个时候起，许多关于威廉·盖洛的谜团便一一破解了。

蒂姆·阿达姆斯基告诉我，不久前，有人向多埃斯顿城历史学会捐献了一些箱子，这些箱子是威廉·盖洛的遗物，里面装有与威廉·盖洛旅行相关的材料。

威廉·盖洛于1925年4月11日在威尼斯逝世，享年60岁，当时他刚刚拜谒了基督教圣地，正在返回美国的路上。根据他的遗嘱，他的遗物，包括"手稿、版权、拓片、负片、照片"等全部由妻子康斯坦丝·盖洛（Constance Geil）继承。康斯坦丝·盖洛比丈夫多活了三十四年，于1959年去世。之后盖洛夫妇的住宅"荒原之家"，包括宅院中的一切，都通过拍卖被一位房地产开发商收购。后来，本地一位收藏家几乎分文未付就获得了二十多个原先属于威廉·盖洛的箱子。这位收藏家把这些箱子保存在一个谷仓里——那谷仓是他的私人图书馆，里面的藏书多达25000册。威廉·盖洛的箱子在这谷仓里沉睡了整整四十五年，直到这位收藏家2005年逝世后，才被他的女儿捐赠给多埃斯顿城历史学会。

2008年6月，我来到宾夕法尼亚州多埃斯顿城。此地离华盛顿特区开车只需三小时。在多埃斯顿城，我要与那些最关心我的长城事业的朋友聚首，浏览新近发现的"威廉·盖洛的中国资料库"中的宝物，还要了解威廉·盖洛在当地的生活，以及当地人记忆中的他。

蒂姆·阿达姆斯基发现，在网上，我的名字经常与威廉·盖洛并列出现，因此向我通报发现威廉·盖洛遗物的消息。他是我在多埃斯顿城拜会的第一人。他是在本城公墓散步时偶然发现威廉·盖洛这个名字的，他说，这座公墓乃是"本城历史名人录"。他把我带到公墓，我们发现，在公墓中央部位，威廉·盖洛购置了本家族的墓地。此时，我想到他在《中国五岳》（The Sacred 5 of China，这是他撰写的关于中国的第四本书）一书序言中说的话："如果对空间进行分析，我们会发现五个方位：东、南、西、北、中（这是中国人对方位的排序，而西方的排序是北、南、东、西、中）。"盖洛家族墓地在整个公墓唯一的高地上，墓地正中耸立着一块巨大的花岗岩立方体，仔细看，发现这立方体有五面，这显然是中国文化影响的印证。此外还说明威廉·盖洛知道在中国人心目中，作战时"居高临下"乃是何等重要——长城不就是"居高临下"吗？我还想起中国一句古诗："会当凌绝顶，一览众山小。"然而，我在公墓对面大街上向路人打听，竟然无人知道威廉·盖洛这个名字，更不用说威廉·盖洛全线考察长城这一具有历史意义的历程。

威廉·盖洛或手写，或打字，把自己的长城探险经历详尽地记载下来，装进箱子里，并在箱子上用白色颜料写上"North China"（华北）两个粗体字。这些文字材料有好几百页，几乎全部是在中国写的，现在都已变薄、发黄、变脆，字迹也已变淡。可以想象，当年威廉·盖洛用骡马运载这些材料，伴随他走完了万里长城全线，以后又伴随他登上轮船，航行大半个地球，最后被运送到多埃斯顿城。材料中有私人信件，有随笔，有写在便条上的只言片语，有写给自己或队友的提示，有对一些事件的叙述，还有一些笔记。在有些页面上，威廉·盖洛亲笔画了装饰图案。这些手稿表明现代长城探险就此开始，长城历史从此掀开了新的一页。

浏览这些手稿，我很快就发现了1907年2月14日驻俄罗斯圣彼得堡的一位英国外交官写给威廉·盖洛的信件，信中夹寄了两幅古北口长城的照片，也许是靠这两幅照片，威廉·盖洛首次获得了荒野长城的直观印象。一年之后，即1908年4月，威廉·盖洛告别了家乡多埃斯顿城，乘火车横穿美国大地，从费城来到旧金山。4月27日，威廉·盖洛在旧金山登上香港客轮，穿越金门后，便开始了横穿太平洋之旅。

1908年5月11日，威廉·盖洛在自己的客舱里给姑妈埃玛写了一封信：

> 写这封信的时候，我在距离横滨450英里的大海上。这次漫长、乏味的航程快要结束了。这条船将在神户停靠，我将在神户转乘另一条船去多久。我不打算绕道朝鲜了，而是直接去北京。随后我将立即开始进行一次旷日持久、充满危险的旅行；这次旅行，将在冬季到来前结束。希望登陆后我的心

情能好一些——在茫茫大海中漂流,实在太累人了……

威廉·盖洛(此信由北京汇丰银行转寄)

在多久,威廉·盖洛换乘经大连去天津的轮船。1908年5月29日,他写道:

傍晚6时30分,我终于从天津到达山海关,此次旅行,可谓心旷神怡。我们一行中有E. L.约翰逊、L.牛顿·海斯,还有两个小伙计,一个名叫

威廉·盖洛1908年5月写给姑妈的信,当时他在横穿太平洋的香港轮船上。途中这艘轮船曾在夏威夷短暂停靠,其间威廉·盖洛请船上的摄影师为他拍摄了这幅佩戴夏威夷花环的照片

"汤九"（只是听上去像是"汤九"），另一个是"二王"——意思是"第二个国王"……

在山海关，威廉·盖洛开始了"旷日持久、充满危险"的长城之旅。有些手稿用"长城通信"的字样标明，其中一件1908年5月30日发自山海关：

朋友们，大家好！

清晨4时30分起床，吃完当地风味的早餐，随后去长城入海的地方。去时天气就不凉快，回来时更是酷热难耐。海斯先生与我步行前去。去时考察长城外观，回来时登上长城，拍摄了不少照片，希望拍摄效果良好。

在铁路穿过长城的地方附近遇到一个男人，他给我讲了一个故事：从前，这里的长城被一个姑娘弄塌了，是因为她听说丈夫修长城时累死了，于是眼泪像滚滚的洪水冲毁了长城。现在，喧闹不堪的火车就在这个豁口穿过长城，因为官员们不许铁路与长城平行。

我们沿着长城从山海关走到大海边，一路尘土飞扬，然而不时地能看到有蓝色的鸢尾花……此地长城蜿蜒，形成一个巨大的"S"……大海中有巨大的长方形花岗岩块，那就是长城的遗迹。长城向东延伸，深入大海，那是为了防止入侵之敌绕过长城东端。

长城东端颇能发人遐思，在面临大海、最后一座长城敌楼耸立的地方，如今竟然有一座灯塔！我想，在这个地方，古时应当有一座敌楼用于传递消息。

长城与沙滩相遇的地方有一座直立的石碑（或纪念碑），我把它拍摄下来……拍摄前，我的小伙计汤九向附近的灯塔管理员要来一些石灰，把石碑（或纪念碑）上的字涂白，这样我就能把这些字拍清楚了。

海斯先生是李鸿章王爷（原文如此。——译者注）孙辈的英语教师。他们的母亲恰好不在北京，而他的这些学生不愿意学习，因此海斯先生求我带他考察长城，所需费用由他自己承担。此人不错，他父亲是传教士。

紧靠古老长城的东端，欧洲军队正在用机枪打靶。我们亲眼看到子弹纷纷落在大海中。附近就是英属印度锡克教士兵的营房。法国军队驻扎在远处长城脚下。我猜美国士兵在进行步枪打靶的时候把长城当成挡子弹的护墙。尽管如此，为了不被射中，我们一行走到长城的另一边。

长城内墙下有许多坟堆。我们在长城上走了大约九里，眺望四周，景色颇似被开发成农田的巴勒斯坦。最后，长城与城墙联结。

包括这封信在内，所有"长城通信"都没有威廉·盖洛的签名，也没有注明收信人是谁。这封信中有对海斯先生的简短介绍，然而这种情况鲜见于威廉·盖洛的信件。1909年威廉·盖洛所著《中国长城》一书出版后，伦敦《旗帜晚报》（*Evening Standard*）在书评中对他的做法提出批评，指出"作者从不试图让我们了解他手下的探险队员乃是何许人也"。

次日是星期日，即安息日，他不工作。这是他在1908年6月1日星期一的信（在他的手稿上打的是5月31日）。

下面是这封信的摘要：

最亲爱的朋友们！向你们致意，致意，再致意！

今天简直好极了，心情好，做事也顺当。我们这群"贵客"在当地教堂下榻。我们凌晨3时起身，4时整就吃上了早饭。

很快便收拾停当，之后海斯先生陪我——热衷于冒险的朋友——去"西集"，看看能否雇到骡子之类的牲口，用于驮载我们考察长城所必需的给养。

万里长城东端山海关的"天开海岳"石碑。原作由威廉·盖洛拍摄于1908年,后被制作成人工着色的幻灯片

第二章　威廉·盖洛在其故乡的消失和再现

大多数人不知道大海西面大约一百多里的桃林口。后来我的"汤伙计"领来一个人，此人说他有八头骡子，我们马上请他坐下来谈生意。此地骡子稀少。事实上此人有一匹马，三头骡子，四头大小不等、情况各异的驴子。他同意为我们效劳，每头牲口每天收费1.1美元，牲口的草料以及他本人的伙食自理。周围看热闹的人都笑了，对他说，从现在起就不能反悔了，否则我们会把他抓起来。这个人也乐了，随后走开去把他的牲口拉来。回来后，此人要求我们保证付给他钱。他说："俺给几个外国人带路，他们不但不付钱，还用枪指俺的胸口，让俺滚蛋。"这次他找当地牧师给他说情，牧师说他不能保证我们肯定付给他钱，但是会告诉他我们是谁。此人名叫"王大"——意思是"王家的长子"，在中国"王"是个大姓，就像英美的琼斯、史密斯等。王大终于开口笑了，显然满意了。他答应带我们去此地西北七十五里的义院口；义院口离长城只有一英里。

我从这里开始，踏上第二次横穿中国之旅。雄伟的长城从这里向西蜿蜒，海风劲吹，长城上座座屡遭劫难的敌楼呜呜作响。待晴日，大海白浪滔天，声似惊雷，拍打着被海水浸没的"皇帝杰作"（深入大海的老龙头。——译者注）；山海关静卧在海岸线转弯处，恰似一只猫闲适地躺在卷起来的垫子上。当地的人们懒散地闲逛，但是他们正在觉醒。中国正在变化；在我身处长城脚下的时候，我不想否定中国的过去。的确，中国拥有光荣的历史……我想，到我完成长城考察并且写一本书介绍长城的时候，如果干得非常漂亮，或许全世界的人都想来中国一游，一览长城的风采……

威廉·盖洛一路西去，不断把头几天的途中所见随手写在字条上。这些便条，使得我能够清晰地勾画出他在日记中记载的经历：

这是威廉·盖洛摄于1908年的老龙头照片。威廉·盖洛曾这样描述老龙头:"这是一个体形巨大延伸进大海的建筑物,而如今却成了一堆乱石"

6月2日:早晨10点钟到达义院口。当地人说这里"没有什么好看,没有什么值得吃"。入住维多利亚旅店,围观的人们竟然帮我们挑选午餐食品,考察拿子峪关隘。

6月3日:风景极美。长城外到处是花岗岩,土壤是岩石风化而成……此地人口稀少,山上有梯田,山溪水温48华氏度(9摄氏度),白天很热。向上走到3000英尺处,中午到达箭杆岭。

6月4日：早晨6：30，蓝田峪（音译），射猎野鸽子。1：30至4：30在李家峪，热得发昏，一个地方就看到24座敌楼，涉水过沙河。7：00太阳落山，到达刘家岭，风景极美。月亮升起，淡蓝的天空变成橙色。我问一位当地人此处山峰的名字。他说："何必取名——这里山连山，岭连岭，取得过来吗？"

6月5日：数敌楼，一共数到55座。此处路能通马车，又有大量蔬菜可吃了。[当地有人]问："美国人不吃豆腐，吃什么？"此处人说这里是"边墙"，不知道这是长城的一部分。沙尘暴过去后在一处墓地休息。

6月6日：下午3：30离开塔寨（音译）。骡夫说他不知道怎样认我的表。当地有个老人取笑我们，说口渴时竟然不知道如何从井里打水。在塔村（音译）过夜，没有旅馆，人们送来食品，坚决不收钱。那可是一大笔钱呐！这里的百姓真好！

在罗文峪（盖洛称为骡马关），威廉·盖洛注意到有五座庙宇拱卫这里的关隘，最大的是战神庙（可能是关帝庙）。此处仍有130名士兵驻守，城门每天从日落到第二天日出关闭。白天开门放行，每年大约有运输货物的4万匹骡马从这里通过。当地人对他说，这个地方"平安无事"，而附近的喜峰口则不然，"那里有强盗"，"义和团运动期间，许多教民到这里避难，在这里的碉楼、长城通道中藏身"。政府派兵在这里驻守，"乃是因为担心义和团运动期间蒙古人乘乱入侵"……从1644年起，作为边防工事的长城就被放弃了，然而诸如此类的介绍，表明当地居民为了安全，不得不暂时利用长城自卫。

在"骡马关"的标题下，威廉·盖洛用铅笔写下以下文字：

一位和尚负责管理两处庙宇。有人对我们说，另一座庙宇已经安排好，让我们到那里住宿。但是我们想在美丽的战神庙中度过一个安静的星期天。战神庙在关城里面,离旅馆大约三里地。成群结队的人们到庙里看我们。我的鞋子成了大家的话题——首先是鞋子之大让他们吃惊,鞋子的橡皮后跟也让他们感到好奇——幸运的是经过这么多天跋山涉水,这双鞋子居然没有彻底磨坏。厚重的鞋底、鞋带,当然还有这双鞋子的价钱——总而言之,与这鞋子有关的一切,都成了大家议论的话题。后来有人给我们找来一个挑水夫,另一个人给我们送燃料,还送来一个铜铁澡盆。我们买了小米、洋葱、鸡蛋、青菜等。总之,这个星期天过得不错。

1908年6月7日,威廉·盖洛在罗文峪某农舍前留影

探险期间，威廉·盖洛不断向各地百姓、旅行者和官员打听长城的长度。这不仅是兴趣使然，更是因为他知道这次长城考察将旷日持久，考察结束后他得返回北京，而且要在冬季到来前赶到海边。人们给出的答案各不相同。他在罗文峪得到的答案最直截了当，也最可靠："长城一会儿上山，一会儿下山，谁也无法确定长城到底有多长。"当威廉·盖洛一行在一家路边饭铺喝粥的时候，有人对他们说："万里长城说是一万里，实际上不止一万里。万里长城没有头，也没有尾。"

威廉·盖洛一行总是在太阳升起前动身，这样做是为了避开炎夏期间的酷暑，也是因为"既没有头，也没有尾"的万里长城时而爬上陡峭的山峰，时而穿过乱石滚滚的泥泞山路，趁天气凉快的时候走路，能够保证整个考察活动的进度。在罗文峪度过了安息日之后，威廉·盖洛一行次日（星期一）凌晨3时半便踏上征程。又要在马背上度过艰难的一天，不过威廉·盖洛早就习以为常——儿时的他，就在美国学会了骑马。早在第一次沿长江考察中国期间，他就养成了早起早动身，踏上漫长旅途的习惯。他在《扬子江上的美国人》（*A Yankee on the Yangtze*）一书中说："我喜欢早饭前走三十里，这样，一天结束时我就能走一百一十二里；尽管如此，我仍然感到精力充沛。"

下面是6月8日威廉·盖洛在造访清东陵马兰峪时写的一封信：

亲爱的朋友们：

　　今天上午9时30分，我们到达东陵。刚走进一家旅社，就有当地衙门的三个人前来通知我们，此地有个专门接待外国人的机构。他们说，曾经有三名官员向朝廷呼吁，说外国人参观清朝皇家陵墓，应当有专门机构接待。皇上恩准了这个奏章，随后整修了东陵外山上的一座庙宇，并在那里安排了外宾下榻的房间。接待工作由一个满脸正经的和尚负责，他手下有十几个助

威廉·盖洛摄于1908年的马兰峪圆楼。对于这座长城建筑物,威廉·盖洛在长城探险途中写的一封信中曾予以描述

第二章 威廉·盖洛在其故乡的消失和再现

手。这一带有三处值得一提。首先是长城,其次是皇家陵墓,再次是温泉。不过这三处并不在同一个地方。住在这里,真是再舒服不过了。然而,当我在自己的房间中匆匆忙忙地写这封信的时候,有人却看我在做什么。这并不奇怪,我们考察长城,一路上都引起人们的好奇。今天,当地衙门派来个向导,带我们去城门城口关(音译)。我们没有进关拜访住在马兰村的八旗长官,而是忙于拍摄长城外那座圆形碉楼。据说此地长城是秦朝修的,我们去

城门城口关，一路上都有人围观，对我们指指点点。我们把一匹劣马让仆人骑。于是围观的人们议论纷纷："为什么他们让仆人骑马，自个儿骑骡子？"这群人看来兴高采烈，却并不十分喧嚷。我下骡子给他们中几个人照了相，照完相后冲着他们大叫："拉法耶特学院，欢呼吧！"一时这些人不知所措；然而我离开的时候，他们却在学着喊这句话！

那个和尚再三地请我们喝一种价钱不菲的酒。我们以这种酒过烈为借口谢绝了，他却说"外国人都喝"。我以茶代酒，此公一脸迷茫。

威廉·盖洛的字体优美，但很难辨认，而辨认他的信件则容易得多。他用下午或晚上的时间写信（打字）——很可能是一有空就写信，对于这一点，我感到非常高兴。他用一台铝质布利肯斯德弗（Blickensderfer）6型打字机写信，这台打字机重6磅，厂家在推销广告中说它"轻巧耐用，功能齐全，便于携带，特别适合旅行者使用"。然而，在威廉·盖洛携带的东西中，这台打字机最重。行李中的其他东西包括生活必需品、各种设备，此外还有"奢侈品"——至少一套正装、一件很大的斗篷、一件风衣、若干有领子的衬衫、粗呢外套（棕色）、卡其外套各一件，还有绑腿、高筒马靴等。他总是随身携带一本《圣经》，这本《圣经》有个带拉链的书套；还有至少十几个笔记本、几叠四开纸、一些复写纸。可以想象，在他用这些文具写作的时候，围观的中国人无不惊异万分。

下面是他在1908年6月15日星期一写于怀柔箭扣长城西大墙的一封信，从中可以看出他写信的情形。西大墙海拔4000英尺，长城在此地拐了一个弯，呈Y形（现在当地人称为北京结）。

朋友们，请接受我的致意！

经过千里跋涉，作为旅行者的我终于从大海边来到海拔4000英尺的平岭关（意译）。此刻，在陡峭山坡上的一棵栎树下，我坐在炼乳箱子上用打字机给你们写信。堆起几块青砖，就成了放置打字机的书桌。路旁祭坛或庙宇的前面有已经破败的影壁墙，砖是从那里捡来的。这祭坛或庙宇是好几百人出资修建的，出资者的名字刻在一块垂直的石碑上。

阅读威廉·盖洛遗留下来的文稿，我发现我与威廉·盖洛不仅考察路线相似，而且遇到了相似的困难。在吉利沟，威廉·盖洛在一张纸条上写下了以下文字：

> 这里有六户人家，人人都怕我们，一见我们全都跑回家，紧闭大门，只留2英寸的一条缝以便和我们一行中的中国人对话……此处水极缺，一盆水要有八个人洗脸后才舍得泼掉。吉利沟与四海沟相距三十里。这段路走了整整五个小时。山中的路驴子能勉强通过。风景很好，途中为拍摄停留一小时。在四海沟用10.29两纹银换了9801枚铜钱。这些铜钱得要一头驴子驮……龙洋在此处不能用。

1908年6月17日星期三，威廉·盖洛写了一个便条，提醒同行者报答一位房东的款待：

威廉·盖洛1908年拍摄的北京怀柔撞道口长城。照片是用玻璃负片印制的

> 黄花城……请把照片送给直隶省撞道口的周成文（音译）先生……周先生免费招待我们，他真是大好人！海斯先生从三个角度拍摄了撞道口后山……

许多年前，我曾到过撞道口，并且与村里周姓一家人聊过天。村里多数人家姓周。我想，下次去撞道口，能不能找到威廉·盖洛当年房东的重孙呢？

两天之后，威廉·盖洛来到南口，长城探险第一阶段就此结束。他写道：

> 迄今为止我已经拍摄了150幅照片……看来应当返回北京冲洗照片、写东西，顺便休整几天，恢复体力。1908年6月19日结账：从山海关到南口，8头骡子，20个人，应付93美元，加上小费，共96美元。

在北京，威廉·盖洛有不少事情要做。他在北京冲洗了底片，而且可以肯定，他把一路拍摄的照片寄存在北京某个传教士的家中。这些照片，最有可能由年轻的路德·牛顿·海斯（Luther Newton Hayes）暂时保管。牛顿·海斯那年25岁，他得返回李鸿章府邸教其孙辈读书，因此不得不放弃长城探险。在北京，他还可能从某家照相馆购得若干盒用于拍摄的感光底片，此外还购买了汇丰银行汇票，并委托这家银行代理他的汇兑事务。

从他的探险日志看，1908年7月6日威廉·盖洛一行进入山西，在一家叫作骆驼嘴的小旅店下榻。这一天他们从望鹰镇（音译）出发，此后艰苦跋涉一百一十里。威廉·盖洛写道："此地甚为破败，小旅店更是不堪入目。"按惯例，威廉·盖洛一行赶早出发，凌晨4时45分便动身前往黄河池口渡口，而不是更南面的吴浦（音译）。即便如此，他还是说"由于克拉克先生身体不适，今天动身晚了"。我猜想，克拉克是在北京顶替海斯加入探险队的，因为从北京起，他

威廉·盖洛摄于1908年的陕北石城子烽火台。1908年7月的某个星期日,威廉·盖洛可能在这里休息了一天

第二章 威廉·盖洛在其故乡的消失和再现

的名字开始出现在威廉·盖洛的文稿中。

那时是夏天，正是涨水季节，威廉·盖洛看到黄河中漂浮着一具死尸——这可不是好兆头。他至少提到五处可以渡河的地方，然而，他们直到次日才在六间坪（音译）过河。在一本被水浸泡的痕迹依然可见的笔记本上，我们看到了这样的字样："我们总算过来了。巨浪迎面扑来……河水怒吼，以极大的力量冲击着河道。我们算是死里逃生了。"

在河套一带，威廉·盖洛一行遭遇到前所未有的严峻挑战——炎夏的酷暑，不期而至的洪水，被深沟割裂的陕北黄土高原以及临近的鄂尔多斯大沙漠，还有那些泥泞的羊肠小道。在渡过黄河以后的两个星期中，只有在与长城相遇的时候，他们才少许放松紧张的心情。7月12日，威廉·盖洛写道：

> 我们用了整整一天爬黄土山。我们走了一百一十里路，在山沟中的羊肠小道上行走的时候突遇洪水……我们沿长城前行，路过14座烽燧以及万有镇（音译）三里之外的一座用黄土筑成的碉堡。昨天傍晚，当我们爬一座沙山的时候，我看到古老长城背后的夕阳西下，阳光穿过拱门，顿时我忘记了一天奔波造成的疲劳……从濒临大海的山海关出发至今，我们已经走了700英里……我们在一座长城烽火楼的阴影中度过了星期日的中午。天际无限广阔，大小山峰浑然一体，黄色的沙山、土地，还有乔木和灌木给我们目睹的一切增添了色彩……[这里的]长城是用黄土建造的，墙面有砖，同时用砖封顶……1908年7月13日凌晨3时20分从万有镇出发，之前在房顶上睡觉，其间沙暴突起，进入鄂尔多斯前走了十一里路，骑着我在路上买的骡子继续前进，沙暴肆虐，天昏地暗，几乎看不见路。

1908年7月16日，威廉·盖洛写道：

凌晨3时从安边动身，安边县长特地下令为我们开城门。我们考察了二十五里长城，一路上没见到人，只看见25只羚羊，还看到一座很大的黄土烽火台，它是长城边界上的建筑物，现在有人将之用作住房。

一个星期之后，威廉·盖洛一行来到宁夏府，即现在的宁夏回族自治区首府银川。威廉·盖洛在当地一位传教士家中下榻。在这里，他还补充了给养，对长城考察所需的金钱、时间进行了计算——然而，《中国长城》一书没有提及诸如此类的细节。

在宁夏府，他给在兰州的传教士安德鲁（Andrew）写了一封信：

原先我打算沿长城走到宁夏，然后从宁夏出发去兰州；后来发现最好从这里直接去凉州，而不是南下兰州，再西去肃州（酒泉）。由于改变了考察路线，如何到达长城的终点就成了我要考虑的问题。我手中有一张北京汇丰银行的汇票，"兰州天成亨记凭本票即付纹银250两"。请你询问甘州府协通金票号（Hsieh T'ong K'ing Bank）可否在凉州兑汇，并请你在兰州电告我询问结果。

这张汇票以后在凉州兑现，因此可以断定，安德鲁收到了威廉·盖洛写给他的信。然而，两天之后，威廉·盖洛从凉州出发，向西穿越河西走廊跋涉到达嘉峪关。路线的临时改变，为盖洛节省了几天的时间，但是他还是在资金问题上遇到了麻烦。8月25日星期二，威廉·盖洛在临水（音译）写道：

上星期，在此处，我在现金方面遇到了困难。饭店、肉店、卖西瓜的商贩，还有旅馆老板，都是诚心诚意地说等我们回来后再付钱也不迟。之前我们对

威廉·盖洛摄于1908年的"西藏环线"长城。"西藏环线"在现今青海省境内,拍摄时他正在从嘉峪关返回北京的途中。2007年,威廉·林赛找到了这段据说修建于清朝的长城

他们说，我们将去嘉峪关；尽管我们在这里人地两生，他们还是心甘情愿地在金钱上冒这个险。同他们见面时，他们个个笑容满面，说话非常客气……此地的西瓜和哈密瓜颇有名气。在这里，我吃得比以往任何时候都好。我订购了2蒲式耳洋葱，打算在路上吃。

威廉·盖洛终于到达万里长城的最西端，然后折返。他向东南穿过河西走廊，到达兰州；接着从兰州出发，骑"快马"向东去西宁，沿途寻找、拍摄"兰州环线"长城，并为之命名（2007年8月，我从张掖穿越祁连峡谷到达青海西宁，找到了威廉·盖洛曾经拍摄过的"兰州环线"）。之后他向东继续旅行，路经西安，到达临近北京的河南、河北。到此时，威廉·盖洛连续两个星期发烧，只好被人用轿子抬着走。10月31日，他写道：

下午4时30分坐轿子来到陕西、河南交界处的潼关，其他人骑骡子，他们要过些时候才能赶到，这个城市面向黄河。我想，应当打听在这大河里乘船去铁路桥是否安全，要走多长时间……我坐着轿子在大街上大摇大摆，轿夫则徒劳地为我找一家方便、舒适的旅馆。我难受极了，心想快些去有火车的地方，找医生治病。我对轿夫说明天（星期日）就走。星期日不工作，对于我是必须遵守的规则和原则，这次生病，只好破例。如果我错了，但愿上帝原谅我！

1908年11月11日星期三，他写道：

我在将要开往保定府的火车上。夜间这列火车停运。我在一等卧铺车厢的床位上过夜，凌晨时分感到很冷。圆月高照，车厢外一片光明，空气寒冷、新鲜。早晨10时列车到达顺德府。站台上挤满了人，全是来看火车的，从他们的表情上看，似乎人人都想登上这"铁龙"。站台上熙熙攘攘，卖食物、卖皮毛的到处都是。要是再次乘坐火车旅行，再次看到这种古怪却十分有趣的景象那该多好！11时，列车到达定州站，看到中国龙旗下了半旗。半个小时后，马瑟先生开始向中国人打听这是为什么，一连问了几个人都说不知道。有人说铁路两旁一向下半旗，然而问他们为什么这样，这些人还是不知道。列车在长城脚下一个孤零零的小村庄旁停了下来，我们下车散步，一个彬彬有礼的警察陪我们走了几里路，其间我向他打听为何下半旗，这时，一个导游模样的人特地跑了过来，告诉我们皇帝头天驾崩，次日慈禧太后也去世了。随后朝廷宣布，皇帝陛下于（农历）十月廿一日升天，太后陛下于十月廿二日驾鹤西归。根据太后陛下的遗嘱，今后几个月中全国官民不得举行婚礼，100天内不得理发，不得举行娱乐性演出。十月廿六日，文武大臣和贵族将在皇宫集体致哀。

威廉·盖洛即将完成他全线考察长城的壮举，此时，他的病好了许多。尽管身体仍未完全恢复，他的冒险精神却再次升腾。他决定在这里下车，最后一次与长城亲密接触。我一直在思索：是不是他早有打算用这种方式与长城告别，还是以此开展另一次长城探险？

多年来，我曾数次考察涞源县长城，特别是最近几年，对于威廉·盖洛1908年11月底涉足过的涞源长城，我进行了系统调查。在他拍摄过的涞源长城中，我找到了一些，另一些仍在寻找——幸运的是威廉·盖洛对这里的长城进行了最后一次拍摄，从而给我们留下了它们一百年前的形象。

阅读他的现场考察日志以及若干手写材料，我们得知以后两个星期中，在涞源，威廉·盖洛考察了南至插箭岭、北至唐子沟的长城。这段长城蜿蜒在崎岖的高山，长达 50 多公里。

就是在这里，在一个神圣的时刻，威廉·盖洛看到朵朵积云在空中飞翔，阳光透过云团缝隙照射下来，插箭岭顿时斑驳陆离。目睹此景，威廉·盖洛不由得感叹："万历皇帝修建的这段长城，乃是何等壮美！"

1908 年 11 月 19 日，威廉·盖洛写道：

> 从浮图峪起，山势渐渐走高，我们跋涉六十里，来到这个听上去像是"白石口"的关隘或山口。两座乱石嶙峋的高山之间是一条狭窄却非常美丽的山谷。在这里，我们发现了

威廉·盖洛摄于1908年的河北省涞源县浮图峪附近的长城。照片是用玻璃负片印制的。当时他正在从嘉峪关返回北京的途中

一处古代石工的杰作。一座敌楼的中部有拱门，把它与另一座敌楼联结起来，其间有万历年间的石碑。此刻，马瑟先生正把碑文抄录下来。其中一块石碑上的文字记载了这座敌楼的建设史。它的结构十分精巧，据说是用"神奇灰浆"建造的。此处长城两边都非常陡，其中一边几乎垂直跌入那狭窄的山谷。东面的长城蜿蜒向上，直到山顶，而西面的长城则弯弯曲曲，样子很奇特。黑山羊在陡峭的山坡上吃草，胆大的牧羊人漫不经心地爬上爬下。溪流和小道在山涧中蜿蜒，清澈的溪水穿过距此一里的村庄，村里有一家旅店，还有

一座庙宇。我们拦下一位正往家里运柴火的老人,请他去旅店为我们买鸡蛋和馒头。他把柴刀和柴捆扔在地上就走了,不一会儿就手捧鸡蛋、馒头回来了——原来他就是店主!

在这次,也就是最后一次考察长城期间,威廉·盖洛对长城的有关数据进行了计算,包括长城的宽度和高度,敌楼的高度、间距和投影等。他用墨水笔写了整整一页数据,开头是:

> 长城不仅是城墙,而且是一个防御工事体系。这个体系包括 2 万个敌楼,还有 1 万座平台,各要塞、平台用石墙联结为一体。至少在浮图峪,每隔 100 英尺就有一座敌楼,每英里有 17 座。照此推算,1700 英里乘以 17,万里长城上应当有 28900 座敌楼。

威廉·盖洛的万里长城全线探险即将画上句号。这次探险持续五个月之久,是威廉·盖洛一生中最后也是唯一的一次长城全线探险。他写道,此时他"离省城仅有一天路程,离北京也只有几天"。他最后一次走下长城,手持相机,底片放在上衣口袋中。他把底片盒掏出来,随后在这长方形玻璃盒子的三面用白色颜料写上拍摄地点和日期。11 月的河北省空气十分干燥,他在盒子上写的字很快就干了。随后他把底片盒装进一个木箱,这个木箱里排列着大约 400 盒底片。此外在北京,他拥有 150 多张已经冲好的负片,这些负片至今保存完好。凭借这些照片,他将把万里长城最早、最完整的全景图像呈现在世人眼前。

威廉·盖洛掬起一捧冰冷的溪水喝进肚里,随后骑上骡子离开此地。他走在最后,与队伍保持一段不长的距离。他明白,这次长城探险,乃是他一生中最后的一次。他依依不舍地望着山谷,溪水汩汩奔流,转了几个弯;小溪边是弯弯曲

威廉·盖洛最年轻的孙辈罗伯特·莱科克正在检视祖父考察长城期间使用的布利肯斯德弗 6 型打字机

曲的小路，小路上乱石嶙峋。然而，只过了大约一刻钟，这一切便从威廉·盖洛的眼帘中消失。此时，他终于与共处五个月之久的中国万里长城告别了，从此再也没有回来。

　　威廉·盖洛取道北京、上海，又用了五个月时间才返回家乡。他于 1909 年 1 月离开中国，3 月初到达伦敦，其间他用打字机写出了《一个美国人的长城故事》一书的初稿。在伦敦，他与约翰·穆雷出版社商谈了该书英国版的出版事宜。他于 4 月初回到故乡多埃斯顿城，当时《纽约时报》报道了他回家的消息。回家后没几天，他就动身去华盛顿，向塔夫脱总统报告日本、中国关系状况，预言两国之间将发生战争。他向总统提出两条建议："我们应当把美国简史翻译成中文，

两个威廉与长城的故事

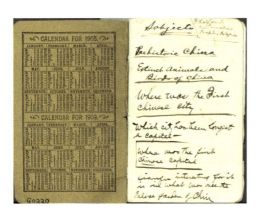

盖洛用过的日记本,上面带有1908年和1909年的日历

1908年7月12日,盖洛经过一户农家,抄录下的对联

盖洛行程的宁夏段里程记录

盖洛行程的陕北段里程记录

盖洛《中国长城》图书的打印稿

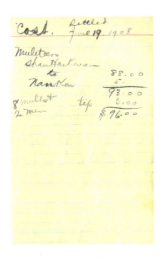

1908年6月19日盖洛在租骡子和驴子时的租金记录

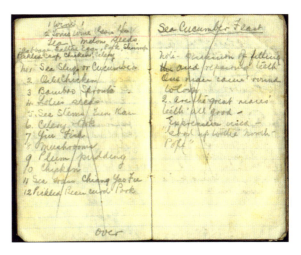

盖洛最终到达嘉峪关时受到了当地衙门的款待。这是盖洛享用的美味的记录（其中还有海参）

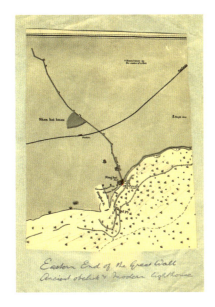

这是盖洛从山海关出发时用过的地图

盖洛的长城探险一路都在写"博客"

"荒原之家"现状。"荒原之家"是威廉·盖洛1912—1914年为妻子康斯坦丝修建的。宅子的左半部是威廉·盖洛的书房,即威廉·盖洛所说的"碑林"

在中国广为散发。同时,应当让美国人民了解中国的现状以及这个古老国家的历史。"那时,《一个美国人的长城故事》已接近定稿。然而,这本书分别在纽约、伦敦付印期间,他把书名更改为"中国长城"。他觉得,既然这是关于中国万里长城的第一部著作,那么书名就应当更加简明扼要。

威廉·盖洛的故居"荒原之家"位于多埃斯顿城边角地带,我与"荒原之家"现在的房主见了面。"荒原之家"是一座大宅院,建于1912—1914年,是威廉·盖洛送给妻子康斯坦丝·盖洛的礼物。威廉·盖洛的孙辈约翰、布雷德利和罗伯特·莱科克三兄弟特地从远方赶来参加这次会见。这兄弟三人是我在

"荒原之家"现在的主人史蒂夫·奥斯本向来客介绍大院的平面设计图（按顺时针方向：莱科克家族罗伯特、约翰、布雷德利三兄弟，多丽丝·卡尔，威廉·林赛）

2008年的又一个重大发现，为此我对盖洛家族的谱系进行了大量研究。三兄弟已经四十九年没回家族故居了。

  与威廉·盖洛聚首之前，我从盖洛家族的传记作者约翰·莱科克的一封来信中得知，在本家族内部，威廉·埃德加·盖洛被称为"埃德加大叔"。这使我颇为惊异。在我们俩隔着太平洋进行的对话中，一提到威廉·埃德加·盖洛，我就会用"Old William"（老威廉）这个昵称，有时干脆用汉语拼音"Lao Wei Lian"。汉语中的"老"是敬称；在中国，无论是长城研究专家、有关政府部门的官员还是热爱长城的老百姓，都爱用"老威廉"这个名字。

约翰·莱科克是这样说的："'威廉'这个名之后还有中间名字'埃德加'会给你带来问题。但是，我相信，对于你称他为'老威廉'，'埃德加大叔'肯定不会介意。他在天之灵如果得知人们仍然记得他并且重视他的成就，那么其他一切他就都不在乎了。"

"荒原之家"如今被当地人称作"盖洛大院"，房主史蒂夫·奥斯本（Steve Osborne）先生在大门外迎接我。他说，他是1984年购入"荒原之家"的。奥斯本先生对威廉·盖洛生平事迹了解越来越多，对于永久保存"荒原之家"内外原样的意义的理解也就越来越深。我发现，"荒原之家"中有几处至今保留着鲜明的中国特色。

走在"荒原之家"的私家车道，我看到迎面墙上刻有四个醒目的汉字，仿佛把我带回老龙头。这四个汉字是"天开海岳"。我们在大院中走了仅仅几米，就仿佛置身于嘉峪关以西的戈壁沙漠：刻在墙上的汉字是"天下雄关"。我对主人说，威廉·盖洛考察嘉峪关期间，同行的克拉克推算出"天开海岳"与"天下雄关"这两块石碑相距1145英里，而在"盖洛大院"，两者的距离不过5米。

从这大院往外看是树丛，树丛掩映着80英尺开外的水塔（这是盖洛仿照苏州墨塔设计的水塔）。约翰·莱科克告诉我，"墨塔"的顶部有为整个大院供水的水箱，底层是车库。

一百年过去了，在威廉·盖洛长城探险整整百年后，我不仅找到了"威廉·盖洛的中国资料库"，还发现了他的谱系。有人说我走运，有人认为这乃是上帝的旨意，有人说这是历史的安排。但更多的人认为这是命运使然。无论是什么，我总算在一个最佳的时机获得了一个追念"老朋友"威廉·盖洛的机会。

2008年6月23日上午9时，大约18人肃立在多埃斯顿城公墓中威廉·埃德加·盖洛的墓前，缅怀他一百年前率先全线考察中国万里长城的壮举。不需要面见长眠在这里的那个人了，也无须当面向他请教，肃立在这里的这群人用他们

"荒原之家"背面。长城东西两端的石碑引人注目

莱科克家族的约翰（左）、罗伯特（中）和布雷德利（右）三兄弟在"荒原之家"里"天下雄关"石碑的复制品前

第二章 威廉·盖洛在其故乡的消失和再现

威廉·盖洛书房墙上的一块石碑,并列着《圣经》的教导与寓意相同的中国老虎

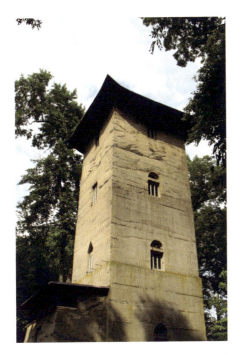 

威廉·盖洛在"荒原之家"的花园复制了墨塔，用作水塔和车库

江苏苏州墨塔，吴琳摄于2008年

的行动表明，人们可能向他提出的许多问题已经得到解答。

这些人中有玛里琳·古斯塔夫森（Marilyn Gustafson）和卡罗尔·古斯塔夫森（Carol Gustafson）姐妹俩，她们的父亲保存威廉·盖洛的遗物长达半个世纪，这些遗物，被她们捐赠给多埃斯顿城历史学会。还有蒂姆·阿达姆斯基，是他代表多埃斯顿历史学会接受捐赠，也是他在网上搜索与威廉·盖洛相关的信息，由此发现了经常与威廉·盖洛的名字并列出现的威廉·林赛。"荒原之家"现在的房主史蒂夫·奥斯本也来了。还有多丽丝·卡尔（Doris Carr）女士——小时候，她与威廉·盖洛门对门，经常去"荒原之家"玩耍。国际长城之友协会成员王宝山和朴铁军也在场;他们俩说中文,威廉·盖洛最后听人说中国话,应当在九十六年前。当然还有莱科克家三兄弟:约翰、布雷德利和罗伯特。

为了表示对威廉·盖洛的敬意,我亲手设计并在北京制作了一个铜质纪念牌,这次我把这纪念牌带到多埃斯顿城,把它安放在威廉·盖洛墓前。我还把威廉·盖洛所著《中国长城》一书带在身边。我收到这本书是在1990年。是它促使我重走威廉·盖洛走过的路,拍摄他拍摄过的长城,从而直观地显示长城的过去与现在。

我在致辞中提到了两句简短的话,第一是威廉·盖洛的原话。为了找到威

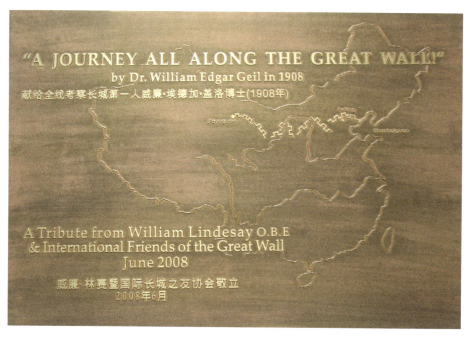

为纪念威廉·盖洛博士具有重大历史意义的长城探险一百周年,"国际长城之友协会"特地制作了这块有中英两种文字献词的铜牌

廉·盖洛合适的原话,我在动身去美国前几个星期重读了《中国长城》一书。一句话出现在该书开头,只有几个字:"长城全线之旅!"(A journey all along the Great Wall!)这句话言简意赅。我把它用在纪念牌上,是因为威廉·盖洛的确走完了长城全线。我觉得这句话充分表达了他的欣喜之情,全线长城探险以及这本书的问世都会使他欣喜万分。在他身后,数以百万计的人来到长城,分享他的欣喜。

第二句话已经镌刻在他的墓碑上:威廉·埃德加·盖洛,1865年10月1日—1925年4月11日。我在致辞中说,从墓碑上,人们能够获悉一个名叫威廉·埃

2008年6月23日,威廉·林赛把纪念铜牌安放在多埃斯顿城公墓中威廉·盖洛的墓旁。在场者(左起)有莱科克家族的约翰、罗伯特和布雷德利三兄弟,多埃斯顿城历史学家蒂姆·阿达姆斯基以及威廉·盖洛在世时的朋友的女儿多丽丝·卡尔女士

德加·盖洛的人在这里长眠以及他的生卒年月。然而,知道逝者生平的人,怕是非常少。把纪念牌安放在这里,情况就不同了:纪念牌上有中国地图,地图上有用锯齿标出的长城,更重要的是,纪念牌告诉人们逝者曾经走过长城全线。

我在致辞中说:

威廉·盖洛,您是全程考察长城的第一人,是您为长城漫长的历史书写了新的一页。长城研究与审美始于您,从您的长城探险、您写的书、您拍摄的照片以及您对长城全景式的描述中,我们获得了巨大的教益。您是万里长城的第一位国际友人……

【第三章】长城形象钩沉：地图、绘画和照片毋庸讳言，最早展示长城形象的照片，包括威廉·盖洛的长城老照片，无论从质量还是深度来讲，基本上都是外国人拍摄的。因此，有必要对摄影技术出现前各种图像资料中展现的长城做一扼要的介绍。

最初，欧洲人是根据传说来想象长城的形象的。随着时间的推移，口传信息演变成了地图学符号。从本质上说，地图学符号的设计乃是为了启发人们的想象。然而，随着大地测量越来越精确，人们的地理知识越来越丰富，这些符号越来越精细，越来越具描绘性，而且也越来越准确。可以这样说：最先吸引外国人开展长城探险的是当时的地图，或者说最早进行长城探险的外国人靠地图找到了长城——当然，那时的地图是否精确就难说了。最早进行长城探险的人把自己的经历绘成图画，图画当然更直观，更能激起人们对长城的敬畏，无论是印象派图画还是写实派图画都是如此。

16世纪80年代早期，一份带插图的手稿被带到著名地图学家亚伯拉罕·奥特柳斯（Abraham Ortelius）在比利时安特卫普的工作室。递送这份手稿的是奥特柳斯最信赖的信息提供者，一位名叫阿里乌斯·蒙塔努斯（Arius Montanus）的天主教本笃会教士。据蒙塔努斯介绍，手稿来自耶稣会教士、葡萄牙著名地理学家路易兹·约奇·德·巴杜达（Luiz Jorge de Barbuda）。手稿上有一幅巴杜达手绘的图画，这幅图画的依据有两个，一是他自己收集的传闻，再就是1557年葡萄牙在澳门建立贸易口岸以来耶稣会传教士的见闻。

首次公开发表的长城形象

1584年，亚伯拉罕·奥特柳斯出版了地图集《寰宇全图》，其中包括巴杜达绘制的那幅实际上是中国地图的图画——应当说，那幅图画是全世界首次公开发表并向公众出售的中国地图。《寰宇全图》被认为是世界上第一部地图集，一部

亚伯拉罕·奥特柳斯的《中国地图》（拉丁文版，1584年印制）。原件37厘米×47厘米，手工着色铜雕版印制。为了与地图集《寰宇全图》格式一致，该地图上方指示的方向为西

篇幅巨大、有许多分册的地图集。收入其中的中国地图，首次向欧洲的王公贵族、文人雅士、学者专家以及未来的探险家展示了中国万里长城的形象。也就是从这时候起，长城这个名字开始传扬。随着时间的流逝，终于成了全球公认的最伟大的历史丰碑之一。这幅绘有长城的中国地图总共印了4000份。在这个地图上，长城是用图画标出的。它被画成一堵在群山中蜿蜒的大墙，这堵大墙每隔一段就有一座烽火台，图上标出了5座。此外还有用拉丁文撰写的说明："这堵墙长400里格（里格是欧洲旧时的长度单位，每里格大体等于4英里或5.92公里），它在群山中爬行。中国修筑这堵墙是为了阻止鞑靼人入侵。"

奥特柳斯的地图说中国长城长达1200英里（1931公里），对此，当时可能有人认为这不过是臆造。然而，关于中国的信息不断传来，而且越来越可靠，于是欧洲人越来越坚定地相信，中国的确有这么一堵又大又长的墙。

从1583年起，耶稣会最著名的传教士利马窦（Matteo Ricci, 1552—1610）在中国度过了自己的后半生，其间他在欧洲报纸上发表了一些见闻。利马窦从1601年起在北京居住，去世后也埋葬在北京。他生前撰写的文章，到他死后才被人发现。在这些文章中，他对中国的名称、地理位置和疆域进行了描述。他写道：

> 中国土地辽阔，它的版图从南到北跨越42个纬度，一直延伸到北方那堵宏大无比的墙。中国人修建这堵墙，是为了把中原与鞑靼人的领地隔离开，这墙乃是防御鞑靼人入侵的工事。

利马窦还写道，中国"得到了有效的保护，因为它四面都建有利用自然条件和科学手段加强的防御工事"。关于华北，他说："一条连续不断的大墙把陡峭的群山联结起来，这堵大墙长四五百里格，构成了一个完整的防御体系。"

亚伯拉罕·奥特柳斯的《中国地图》局部。这幅地图标明了各天险之间的边防工事

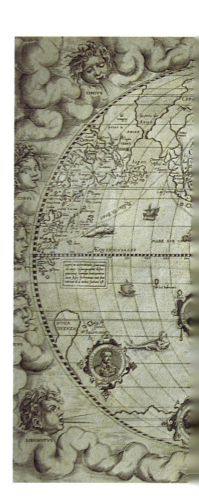

利马窦与一位中国教民李应试的铜雕版画，见于约翰·尼乌霍夫《中国历史》（1670年出版）

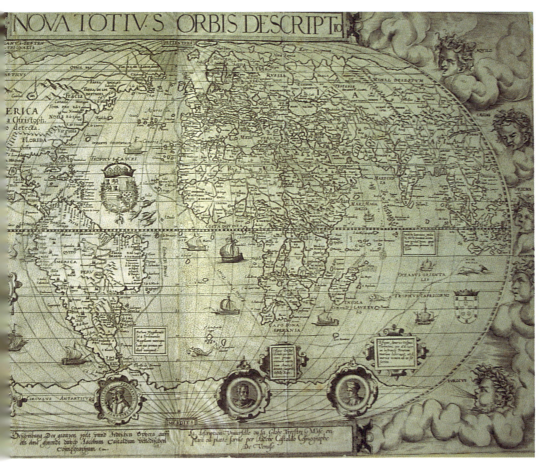

在已知的世界地图中，1590年绘制的《世界新图》（*Nova Totius Orbis Descriptio*）首次标出了中国万里长城。《世界新图》的绘制者是威尼斯共和国宇宙学家基亚科莫·加斯塔迪（Giacomo Gastaldi）。学术界认为这幅地图曾在安特卫普印制，我们看到的《世界新图》长81厘米，宽48厘米，它可能只是墨稿，而地图本身并没有公开出版。绘制这幅地图，乃是为了显示海上探险的最新成就，特别是1577—1580年弗朗西斯·德雷克爵士的环球航行。地图上有像是墙的标记，奇怪的是没有文字说明这标记的含义，不仅地图上没有，地图边上也没有。在后来的十几年中，佩特鲁斯·普兰修斯（Petrus Plancius）、约杜库司·洪迪厄斯（Jodocus Hondius）、威廉·布劳（Willem Blaeu）等著名地图学家先后在自己绘制的世界地图上加上表示长城的标记。到17世纪初期，在世界地图上标出万里长城成了世界地图学的公认标准（以上见荷兰乌得勒支大学图书馆）

北京及周边地区地图，手工着色铜版印制，见于耶稣会教士卫匡国所著《中国新图志》[阿姆斯特丹约安·布劳（Johannes Blaeu）出版社1655年出版]。原件49厘米×39厘米

人们认为，利马窦如此描述长城，乃是因为他非常熟悉中国人绘制的地图——历朝历代的中国人绘制地图，都要突出作为边防工事的长城。晚明时期最著名的地图《广舆图》出自罗洪先之手。以这幅地图为蓝本，利马窦绘制了一幅中国地图，后来在欧洲得以印制。

第一部在欧洲出版的中国地图册

明末清初，一位名叫卫匡国（Martino Martini，1614—1661）的耶稣会教士在中国生活了二十多年。他获准在中国的广大地区旅行，这极大地丰富了他的地理知识。1655年，他在阿姆斯特丹出版了自己的中国见闻集《中国新图志》（*New Atlas of China*）——实际上是世界上第一部中国地图集，其中收入了十七幅中国地图。有趣的是在其中六幅地图上，长城统统被描绘成五颜六色的砖石结构建筑物。这也许是为了表明，万历皇帝统治时期，砖石是修建长城的主要建筑材料。然而，这同时表明卫匡国并不了解中西段长城的真实形态——我们知道，中西段长城主要是夯土长城。

亚伯拉罕·奥特柳斯的中国地图具有里程碑式的意义，它对于欧洲地图学家描绘中国的影响持续达七十年之久，直到17世纪50年代。卫匡国地图的意义同样巨大，它的影响从1655年出版起一直持续到18世纪20年代，那时历史上对长城的首次测绘结果传入了欧洲。

1708年，康熙皇帝下令对中国北部进行测绘。这个任务据说是在三位耶稣会教士指导下完成的。奇怪的是，尽管他们把长城标在地图上，却没有用图画把长城的形象描绘出来。不过他们提供了大量测量数据，据此欧洲人首次绘制出了精确的中国地图。该地图于1735年由唐维勒（Jean-Baptiste d'Anville）在巴黎首次出版，图上详尽地标出了明长城的走向以及长城沿线的各个重镇，此外还标出了长城环线和主要转弯处,甚至还标出了东北地区的长城——总之,长城作为一个完整的防御体系,其复杂性在这份地图上得到了充分反映。

直到 18 世纪,才有一位目击者在图画中准确地再现了长城的形象。这幅图画,至今保存完好。在这个能与长城比对的实物例证出现之前,欧洲人对长城既有曲解,也有臆断。

描绘长城的图画和版画

长城早期的形象,见于根据传教士的见闻绘制的图画和地图,也见于 17 世纪中叶到 19 世纪末叶贸易和旅游业发展的一个副产品——版画。

荷兰东印度公司 1655—1657 年针对中国开展的活动,被一位名叫约翰·尼乌霍夫(Johan Nieuhoff)的制图员完整地记录下来。尼乌霍夫画了一幅他自认为是"长城"的画,并且将之出版。这"长城"的脚下有一些商店,说明这"长城"实际上是城墙——很可能是北京的城墙。18 世纪初期,一位前来中国访问的俄罗斯外交使节画了一幅表现他穿越长城的版画。可惜的是这幅版画用印象派手法表现长城,因此我们无从看到长城的真实面貌。

与之形成鲜明对照的是一幅表现古北口长城的版画。这幅版画题为"中国万里长城一景"(View of the Great Wall of China),见于一本画册。该画册是对 1798 年出版的《大不列颠国王使臣觐见中国皇帝实录》(Approach of the Emperor of China to Receive the Ambassador)一书的补充。这是第一幅用艺术手法再现某一段长城实景的美术作品。他的蓝本是英国军官威廉·M. 帕里什(William M. Parish)提供给他的一幅水彩画。1793 年帕里什随英国使团来到中国,在去承德觐见乾隆皇帝(1736—1795)的路上路过古北口。

这幅由一位英国皇家部队军官用写实手法创作的图画,真实地再现了长城原

18世纪手工着色铜雕版画《使节穿越中国大墙》(*The Ambassador's Entry Through the Famous Chinese Wall*),原作39厘米×20厘米,画面是1720年正在向北京进发的以伊斯迈洛夫为首的俄罗斯贸易使团。在北京,该使团得到康熙皇帝的接见

铜雕版画《古北口附近的中国万里长城》(*View of the Great Wall of China near Gubeikou*),原作47厘米×34厘米

铜雕版画,原作33.5厘米×23.5厘米,见于1873年《伦敦插图新闻》;画面上是一批去游览长城的外国游客路过南口关

铜雕版画,原作30厘米×21厘米,见于1873年《伦敦插图新闻》;画面上是一批去游览长城的外国游客路过南口关

貌,这就为以后的画家树立了标杆。在他之后,不少带插图的出版机构,如《伦敦插图新闻》(*The Illustrated London News*)派画家远渡重洋前去中国,寻找并描绘长城。不过,当时欧洲画家描绘的主要是北京周边的长城。

现代摄影技术问世

在画家们发现并描绘长城的时候,1826—1827年,法国人约塞夫·涅普斯(Joseph Niepce)用一台针孔照相机拍摄了有史以来第一幅照片。拍摄这幅照片,用了整整八个小时。1829年,涅普斯与另一位法国人路易·达盖尔(Louis Daguerre)开始合作改进摄影技术。1839年8月19日,在法兰西科学院的一次会议上,达盖尔演示了把聚焦时间减少至30分钟并把所拍影像"长期保留"(定影)的技术。这就是所谓"达盖尔银版法",即在表面涂有某种银化合物的铜板上直接定格正片。达盖尔银版法,开现代摄影之先河。达盖尔本人则成了公认的实用摄影技术发明者。也是在1839年,英国科学家约翰·赫舍尔(John Herschel)爵士造出了photography一词,意思是"用光线写作"。在此之后短短十几年中,西方各国城市里的富人对摄影着了迷。1850年,仅纽约就有七十多家照相馆。

早期拍摄的长城照片

19世纪中叶,英法两大帝国的扩张达到了顶峰,全球大部分地区被它们征服,沦为它们的殖民地。在这个时候,欧洲中产阶级以及美国人都急于通过摄影作品了解远方的土地,特别是在这些土地上生活的人民。在这样的历史背景下,大批摄影师去远东探险。来自苏格兰的青年摄影家约翰·汤姆森(John Thomson)就是其中的一个。

在"南口关"拍摄的长城老照片

当时在北京居住的外国摄影师中,托马斯·蔡尔德(Thomas Child)和S. 山本赞七郎(S. Yamamoto)值得一提。蔡尔德是英国人,职业是煤气工程师,在摄影方面也颇有造诣。看来他多次造访长城,主要在居庸关和八达岭一带活动——那时的外国人把这个地区叫作"南口关"。他拍摄的照片用于画册,因此得以保存至今。这些照片从不同的角度表现居庸关北端即八达岭以及从居庸关到八达岭沿途的各种长城建筑物,其中以表现居庸关长城的照片居多。他也曾拍摄

八达岭,蛋白工艺照片,26.3厘米×19.5厘米,山本摄于1895年

过位于北京东北、离北京更远的古北口。

从19世纪90年代到20世纪初，日本人山本赞七郎最先在天安门以东的使馆区附近开了一家不大的照相馆，靠出售画册、明信片和图文并茂的图书为生。

初期的长城探险

20世纪初，早期的长城探险家对万里长城进行了全程或局部地区的考察。

四张H.C.怀特公司出售的大银幕幻灯片，尺寸均为10厘米×8厘米

1908年威廉·盖洛在全程考察长城的途中拍摄了大量的照片。与此同时,马克·奥雷尔·斯坦因(Marc Aurel Stein)在1908年发现了汉长城。

在陕北的鄂尔多斯沙漠中,克拉克和索尔比在一些鲜为人知的地方拍摄了那里的长城。最后一个值得一提的是年轻的美国地质学家弗雷德里克·克拉普(Frederick Clapp),他用相机把神木县境内的长城真貌记录下来。

四张显示1907年山海关长城的大银幕幻灯片,尺寸均为10厘米×8厘米。蓝本照片由赫伯特·庞定(Herbert Ponting)拍摄,幻灯片由美国安德伍德兄弟公司制作并销售

两个威廉与长城的故事

20世纪30年代北京阿东照相馆出售的手工着色银骨胶照片,尺寸为26.5厘米×22厘米

关于长城旅游

长城拍摄的高潮，从 1906 年持续到 1914 年，时间不算长，成果却相当丰富。早期的探险家们出版了好几部关于长城的著作，发表了许多学术论文，还向公众做了不少报告。正是由于他们的探险，使北京八达岭长城成了地图上标出的一个不可不去的旅游目的地，这就激励更多的冒险家和古代文化爱好者策划更大规模的长城探险。1923 年，亚当·沃里克（Adam Warwick）为美国《国家地理》杂志撰写了第一篇关于长城旅游的重头文章。到这个时候，北京至张家口的铁路已经通车，人们可以乘坐火车去八达岭了。

为了适应旅游业发展的需要，居住在北京的外国人纷纷以山本赞七郎为榜样开设照相馆。其中德国人阿东（Hartung）在东交民巷东口内路北开了他的第一家照相馆，后来他在北京饭店里开设了一家分店，经理名叫赫达·莫理循（Hedda Morrison），婚前名字是赫达·哈默（Hedda Hammer）。中国人开设的照相馆之间也相互竞争，其中最著名的是在南池子的美丽照相馆和亚丰照相馆。所有的照相馆都出售明信片、相册，还有按顾客要求定做的大幅镜框。此外，启斯东（Keystone View Company）、安德伍德兄弟（Underwood and Underwood）等公司还出售立体照片。

1889 年，伊斯门·柯达（Eastman Kodak）推出了赛璐珞胶卷，不仅淘汰了笨重的玻璃板，而且底片无须在拍摄现场处理，这就为摄影技术的普及铺平了道路。20 世纪 20 年代出现了 35 毫米标准尺寸的赛璐珞胶卷。这一切，使越来越多的旅游者得以利用新技术带来的方便把自己造访长城时的情景拍摄下来。回到欧洲或美国后，他们中有些人把照片制作成能够在大银幕上放映的幻灯片，供参加大型社交或家庭聚会的人们欣赏。

1927年，国共合作破裂，爆发了战争。1931年，日本霸占了中国东北。因此，在20世纪30年代，长城对冒险家、探险家、旅游者来说成了险地。不过在此期间仍有人拍摄长城：中国人拍摄长城，是为了鼓舞爱国同胞奋起抗击日本侵略；而日本人拍摄长城，则是为了向全世界吹嘘他们征服了中国。

　　在中国人中，开长城拍摄之先河的应当是战地记者沙飞。抗日战争期间，沙飞拍摄了他的战友在河北涞源长城上作战的情景。这些照片，至今仍是中华民族卫国战争的象征。沙飞拍摄这些照片，本意是唤起全国民众救亡。然而，其中有一些现在被用来显示这些年来长城的变化，从而使公众了解对长城本身的保护刻不容缓。

　　在中国现代历史上，战争曾使长城遭到大规模破坏，"大跃进"和"文化大革命"时期长城也遭到了破坏。从这个意义上说，老照片上的长城，即抗日战争爆发前的长城已不复存在。

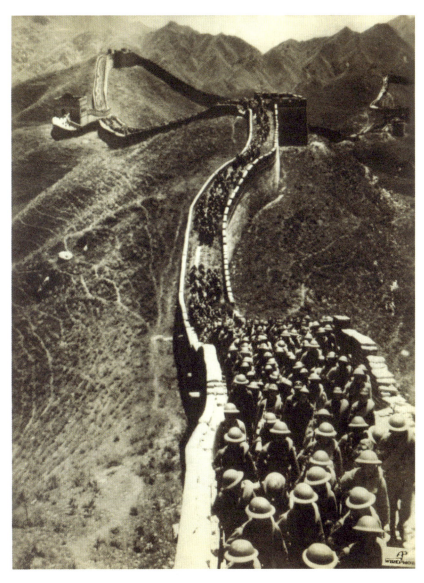

美联图片社的一幅表现抗日战争时期国民党军队在八达岭长城行军的照片,尺寸为26厘米×20厘米。片头为"北平,(可能是1937年)10月26日"

第三章 长城形象钩沉:地图、绘画和照片

【第四章】

百年回望,重摄长城

"重摄"（rephotography）是一个由"重新"（re）和"拍摄"（photography）组成的词。这个词出现的时间不长，因此尚未被收入字典。如果有朝一日收入字典，它的释义极可能是"在相隔一段时间后在同一地点对同一事物进行重新拍摄"。

在最早将重摄的概念转化为实践的那些人中，美国人马克·克勒特（Mark Klett）给"重摄技术"下了一个定义。他说："重摄就是返回过去拍摄过的地方，做同样的事，从而发现这个地方过去与现在有什么不同。"

暂且不论重摄的定义是什么，可以肯定的是重摄已经是摄影艺术中一个迅速发展的新门类，是摄影艺术永恒魅力的扩展——亨利·卡蒂埃–布雷松（Henri Cartier-Bresson）说过，照片的魅力，来自摄影师认为的"具有决定意义的一瞬间"，也就是最值得记忆的那一瞬间。为了抓住这一瞬间，摄影师要在充满各种动感因素的拍摄现场等待，在这些因素的表现力达到最高水平的时候按下快门，把最生动的画面抓取下来。经过图片编辑的挑选，有些照片可能在报刊上发表，也可能见于网站。然而，随着历史的长河不断流淌，过去拍摄过的对象可能已不复存在。

19世纪50年代之后，随着达盖尔银版法的发明，欧洲人对摄影的兴趣与日俱增。随着时间的推移，欧洲、美国的中产阶级越来越渴望见到世界各地的自然与人造奇迹，而自己却又去不了，于是他们对照片的兴趣便进一步增强。摄影师们纷纷行动起来满足这一需求，他们携带着相机、三脚架到世界各地取景并等待最佳光线以便拍摄。不过我们可以提出这样一些问题：在聚精会神地拍摄世界上那些最不寻常的历史遗迹的时候，这些摄影师是否想过，被他们用照片记录下来的，乃是具有历史意义的瞬间？1905年拍摄古北口姊妹楼的摄影师是否想过，将来有那么一天，由于人力或自然的破坏，这座双楼子将完全消失，成为历史，这位摄影师是否预料过早晚会有这么一天？

最早拍摄长城的人们一般会这样想：留在照片上的不是瞬间的画面，这画面代表整整一个时代，甚至代表永恒。当最早问世的长城照片公开展示的时候，观者肯定会认为长城不是人间之物，他们的惊异不亚于现在的人们首次看到从火星或金星上发回的照片。他们不仅惊异于长城那令人敬畏的雄姿，还惊异于拍摄长城使用的革命性技术。此外，摄影师为拍摄长城而走的路，许多人一辈子也走不了那么多——这也会激起他们的敬畏。

这些照片生动地再现了古老中国的历史。的确，有什么能比中国人以无比的勇气建造的长城更能证实中华文明的悠远？在整个人类历史中，长城的建造费时最长，消耗的材料和使用的人力最多。长城不是单个的建筑物，而是中国乃至世界地理景观的一部分。

我们总是想当然地认为，小的东西易于损坏，东西越大越是坚不可摧。长城不可谓不大，然而保留到现在，我们能够登上的长城实际上只是长城的残段。我曾发现过发生在长城身上的一个"小小"的变化——一座过去、现在都被拍摄过的长城敌楼不见了。我曾思索过这是不是个别案例，或者说是不是一种不值得大惊小怪的个别现象。然而我们了解到，这座敌楼的消失只是反复发生在整个长城体系中的一个典型事件，据此可以推断，这种"个别""小小"的悲剧日积月累，最终给整个长城体系造成了严重破坏。

1982年，我在访问设在华盛顿特区的美国"国家地理学会"时购买了一台地球仪，看到中国万里长城是这台地球仪上唯一标出的建筑物，我不由得欣喜万分。那时流传着一个虚假的故事，说从月球上看地球，长城是唯一能被看见的人造物体；而我则用长城是在地球仪上标出的唯一的人造物体这个事实证明长城是无与伦比的人造奇迹，而且当之无愧。2004年我再次访问美国"国家地理学会"，为了跟踪这么多年来世界政治形势发生的变化，我又买了一台地球仪，这次我却难过地发现这个地球仪上没有长城，长城从地球仪上消失了。

自 1900 年至 2000 年，从地球上消失的人类文化遗产超过了以往任何一个历史时期。人口剧增，城市不断扩大，战争频繁爆发……即使在和平时期，为了促进城市的扩大，人们也不惜使用炸药，让多少世纪前的文化遗迹在顷刻间彻底毁灭。

重摄技术能使现在的人们贴近自己和祖先，能够消除历史与现在的鸿沟。在动员群众方面，它是一种强有力的手段。动员群众也是战斗——如果没有人类文化遗产遭到破坏的证据，那么人们就不会行动起来保护它们。这是重摄技术出现的主要原因，也是我重摄长城的宗旨。

我们已经进入互联网和数字成像的时代，我们拥有足够的技术能力促成重摄技术的出现。我们能够在网上公布发黄的老照片，而不是像过去那样让它们在抽屉里睡大觉，或者将之埋藏在博物馆里与世隔绝。这样，一旦想把老照片用作重摄的蓝本，我们就可以购买原照或用扫描技术获得的复制品。早在 1991 年，出于一次颇具感情色彩的经历（收到了威廉·盖洛的《中国长城》这本赠书），我就有了重摄长城的初步设想。但是，把这个设想付诸实践，则要靠互联网和数字技术。

新千年的到来，促进了重摄技术的发展，特别是促使我下定决心重摄长城。在漫漫历史长河中，人们送走一个千年，又迎来了一个新的千年，如此往复不断。然而 21 世纪到来的意义却不同寻常。从来没有这么多的人——有 70 亿吧——如此关注 21 世纪的到来。因为这是一个继往开来的时代，在这个时代，人类面临着两个选择，要么退回到过去，要么开创新的未来。许多人的思想很深刻，然而在新千年到来的瞬间，他们脑海中的现状却被推到第二位。

2000 年元旦前夜，我独自一人登上长城。过去我不在夜间登山，却有许多次在拂晓时分北京仍在沉睡的时候登上长城以便拍摄日出。这次在 2000 年元旦前夜登山，感受却不相同。在我的眼前，山脊上排成蜿蜒曲线的长城敌楼依稀可见，而它们的背景光却是来自北京的光污染——北京在南面，来自那里的光芒甚至把我登山的路也映照得斑驳陆离。这一切使我陷入沉思：这些敌楼的箭窗——也就是当地人说的"楼眼"——是怎样目睹1500年、1600年、1700年、1800年和1900年的到来的。想到整整五个世纪过去了（而不是笼而统之的"五百年"），我才意识到时光的流逝是何等迅疾，长城的老化又是多么严重。我在想，大体上躲过19世纪浩劫的长城，20世纪继续遭到摧残，那么，在21世纪，它的命运又将如何呢？

既然包括我在内的重摄技术实践者都认同20世纪是人类文化遗产遭到重大损失的一百年，那么我们都希望人们能利用手中的技术把21世纪变成抢救人类文化遗产的一百年。把这个愿望变成现实，我们掌握的重摄技术能够发挥强大的催化作用，因为它易于使用，重摄的成果不存在语言障碍或代沟，谁都能看懂。此外，它具有一定的参与性：在观赏一组新老照片时，观者的思绪在过去与现在之间漫游，就像孩子们喜欢做的"比一比，找不同"的游戏那样，他们会进行比较，找到两个画面有哪些差别。重摄的魅力不可抵挡，也许还因为人们可以"重摄"自己并将照片收入家庭相册，这样就能显示自己随着年龄增长变化有多大。这类"自我重摄"，可以叫作"非正式"的重摄。

然而，以环境或文物保护为目的的重摄，需要找到拍摄老照片的准确地点。一般人像可以在任何地点拍摄，换言之，人像拍摄的焦点是人，是在不同环境中的人；而重摄建筑物或景观则不同，摄影师必须不畏艰险找到老照片的拍摄地点，尽可能丝毫不差地站在拍摄老照片的那个点上重新拍摄。

只有到达老照片的拍摄地点，摄影师才能明白关于老照片画面的猜想对错与否。作为人类，我们总不免认为与我们一道存在的长城肯定会发生变化，同时期望大自然的杰作以及大型的人造物体永远保持原样。只有到现场去，人们才能发现人造奇迹相对于周围环境发生了何种程度的"移动"。人造奇迹自己能移动？

2004年秋，威廉·林赛在八达岭长城上拍摄

能，不少古遗址已经完全消失。它们是不是永远保持原样？不一定。了解了这一点，就会明白让一座古迹永远在原地耸立，或者认为景观永不变化，其实是幻想。重摄技术，为打破建筑物和景观永远不变的幻想提供了手段和工具，因为它定格的是过去和今天某个时刻建筑物或景观的形象，同时告诉我们，这个形象未来仍会发生变化。

有史以来，人类建造的建筑物不计其数，无论是寒酸的住房还是丰碑式的建筑物都有其自身的价值。从人类历史的早期到现在，最宏伟的丰碑式建筑物一直得到人们的承认。公元前5世纪希腊历史学家希罗多德在其所著《历史》一书中列出了他所谓的"世界七大奇迹"——这些奇迹,当然全部分布在东地中海和小亚细亚等当时希腊人已知的地方。在现代社会,世界奇迹这个令人肃然起敬的观念具有全球性,具体指联合国教科文组织《世界遗产名录》代表的观念。世界奇迹,具体指列入《世界遗产名录》的那些独一无二、具有世界意义并且得到全人类保护的遗址,一处遗址一旦被列入《世界遗产名录》,它所在国家的政府和人民便有义务精心保护它。

在列入联合国教科文组织《世界遗产名录》的古遗址中,数中国万里长城的规模最大。我决定重摄长城,是因为我相信重摄的成果能够提供关于长城现状的有用信息。这是首次以同一座建筑物为对象的全面重摄,而过去曾有人重摄过一座城市里的一系列建筑物。这还是首次全面重摄列入联合国教科文组织《世界遗产名录》的一处古代丰碑式建筑。

* * *

要想重摄一个地方,首先要有这个地方的老照片。找到老照片是重摄的前提,也是一种挑战。长城穿越之处地域广袤。我们从本书关于早期长城摄影的介绍了解到,最初只有极少数探险家携带相机来考察长城,不畏艰险来长城旅游的人也不多,而且即使来也主要去北京地段的八达岭,因为当时外国人中盛传八达岭是观赏长城的最佳地点。长城的老照片非常稀少,中国西部长城的老照片更为稀少。

找到老照片,还得确定它的拍摄地点。规模宏大的长城,对我构成了巨大的挑战。要知道,我是在世界最长的建筑物的沿线寻找少数几个小得几乎无人知晓的地方。也请记住,当年长城被作为军事设施使用的时候,东端老龙头的守军比西端嘉峪关的守军每天早80分钟看到日出。正因为如此，长城才被叫作"伟大的中国墙"（The Great Wall of China）。

为了真正了解长城，过去三十年中我在长城的怀抱中度过了2800天。尽管如此，对于当时寻找重摄地点可能遇到的困难，我还做了充分估计，幸运的是，长城专家罗哲文和成大林比我更有经验，他们帮了我很大的忙。找到重摄地点之后，我都要赶过去仔细核对老照片的画面是否与现场相符。我知道，许多地方的长城已经面目全非。遇到这种情况，我就设法辨认老照片的画面与现场是否有一致之处，比如它们的背景。

由于老照片都不具备全球定位信息，寻找重摄地点唯一的线索是老照片说明中的地名。可这些是什么地名呀？过去外国人标注中国地名，用的是与汉语拼音系统几乎毫不相似的威妥玛式拼音，这就使寻找老照片的拍摄地点难上加难。此外，有些地方的长城有历史名称，而老照片的拍摄者不知道，于是他们就用附近村庄的名字或当地常用的人名为这里的长城命名，有时干脆自己生造一个名字。没有确切的地名，有时连找到大致方位都难。然而，一旦进入老照片拍摄地点方圆几公里的地方，或者来到最接近的村庄，那就有希望找到老照片的拍摄地点。

找到老照片的拍摄地点之后，下面的事情就是如何重摄了。我用35毫米胶片照相机拍摄，这有两个原因：首先，为了在老照片拍摄的地点重摄长城，我得登上无数座高山，穿过无数个茂密的灌木丛，

原国家文物局教授、高级工程师罗哲文（2012年5月14日去世）

还得在无数沙丘中跋涉，而 35 毫米相机易于携带。另外，我用惯了 35 毫米相机，1981 年以来一直用，用得很顺手。

相形之下，长城摄影先驱者们使用的相机要大得多，而且样式各不相同。由于设备过重，到哪里拍摄往往取决于靠人力、畜力最远能把摄影设备运送到哪里。在我沿着先驱者的脚印前进的时候，我总是在思考他们可能做到了什么，什么事情不可能做到。我像侦探那样工作，反复研究关于老照片拍摄者的文字材料，绞尽脑汁从中寻找可能有用的线索；我把他们可能走过的地方拼接成大海捞针的路线，还努力用换位思考的方法想象沿途有哪些地方可能引起长城先驱摄影家们的注意。

等终于找到老照片拍摄的确切地点了，那就尽量取好景吧。我重摄的长城照片当然比"非正式重摄"的照片好得多——"非正式重摄"不够精确，也不十分讲究取景、拍摄时间和季节等。然而，我很难百分之百地达到"正式"重摄的标准。这里有两个原因：首先，新老相机的样式不同，因此在多数情况下很难做到新老照片的画面分毫不差。其次，即使能做到新老照片分毫不差，这样做也并非绝对必要。重摄长城是为了保护长城，是为了拍摄一幅画面与老照片几乎完全相同的照片，而不是为了展示我自己的拍摄技巧何等高超。重摄的最终目的是提供两幅可供对比的照片。大家可以看到，重摄的照片与老照片的相似度达到 95% 或更高就足够人们进行对比了。因此为实现新老照片绝对一致而花费时间、金钱不仅不值得，甚至有迂腐之嫌。总之，我尽可能使新照片忠实地再现老照片的画面，而不是设法让新老照片丝毫不差。

重摄照片的少数缺陷，并不能完全归咎于新老照片拍摄所用的设备不同。有时我无法在拍摄老照片那个点上立足，有时站在那个点上很危险，有些地方的地形发生了变化，比如由于取土地面降低了，由于堆土地面升高了。还有些时候老照片拍摄的地点无法靠近，这些地点要么被水淹了，要么上面修了房子。比如在古北口北门，我离老照片拍摄的那个点只有几米远，不幸的是恰巧有一座东倒西歪的变电站压在那个点上——我无法在那儿拍摄，因为我不想被电死。

为了让观者更清楚地看到长城的变化，我有意让一些地方的新老照片有所不同，这似乎背离了尽量使新老照片画面一致的通常做法。我认为，如果机械地坚持通常的做法，那么拍出来的照片可能误导观者，因为取景处出现了老照片上没有却十分重要的东西。我用广角拍摄的甘肃312国道就是一个足以说明问题的例子。水关长城是另一个例子。水关长城的老照片是约翰·汤姆森拍摄的，如果把它的画面分毫不差地"复制"下来，那么我们就只能看见水关长城的顶部，而画面的其余部分则完全被灌木丛覆盖。假如汤姆森看到了我重摄的照片，他是否会感到困惑？他是否同意我的做法，支持我为获得更能说明问题的画面而绞尽脑汁？我想他会支持我的。于是我拍摄了一幅取景大得多的照片，画面上不仅有汤姆森拍摄过的水关长城，还有八达岭高速公路和路上的往来车辆，此外还有一处公路收费站。看到这里重修过的长城以及公路等，我想汤姆森如果在世，肯定会感到惊讶。

汤姆森1873年发表在《中国与中国人画集》(*Illustrations of China and Its People*)中的那幅水关长城照片已经褪了色，却为我们保存了一百三十五年前长城的风貌。看到手中的这幅老照片，我想到自己拍摄的照片应当享受同样长的寿命。于是我决定在这个数码相机风行的时代用已经不那么时兴的胶卷拍摄。用胶卷拍摄的照片能长期保存，还能反复印制，等于是随时可用的档案库。而数码相机这些方面的记录则较为缺失——谁知道保存在图片光盘或计算机硬盘中的图像资料能否经得住时间的考验？我还决定把重摄的照片印成彩照，这样就使新老照片的对比更加鲜明，因为老照片几乎全是黑白的。须知对比乃是重摄技术的真谛，用色彩对比黑白，效果显然更好。

沿着威廉·盖洛和其他伟大的先辈长城探险摄影家的足迹重摄长城，于我乃是莫大的荣幸。我所做的，不过是使他们拍摄的老照片具有现实意义。这些老照片再现了很久以前的长城，它们的拍摄者也许认为出现在他们作品中的画面不仅是静止的，而且永远不会变化。这些老照片的拍摄是同一项工作的第一部分。而我做的是第二部分，是为了重新赋予老照片观赏价值，更是为了使前辈长城摄影家当年定格的"决定性瞬间"永存。

重摄长城的过程并不随着我按动相机快门而结束，我得返回北京，仔细对比新老照片。好，让我们动身前往过去和现在照片上的长城吧。

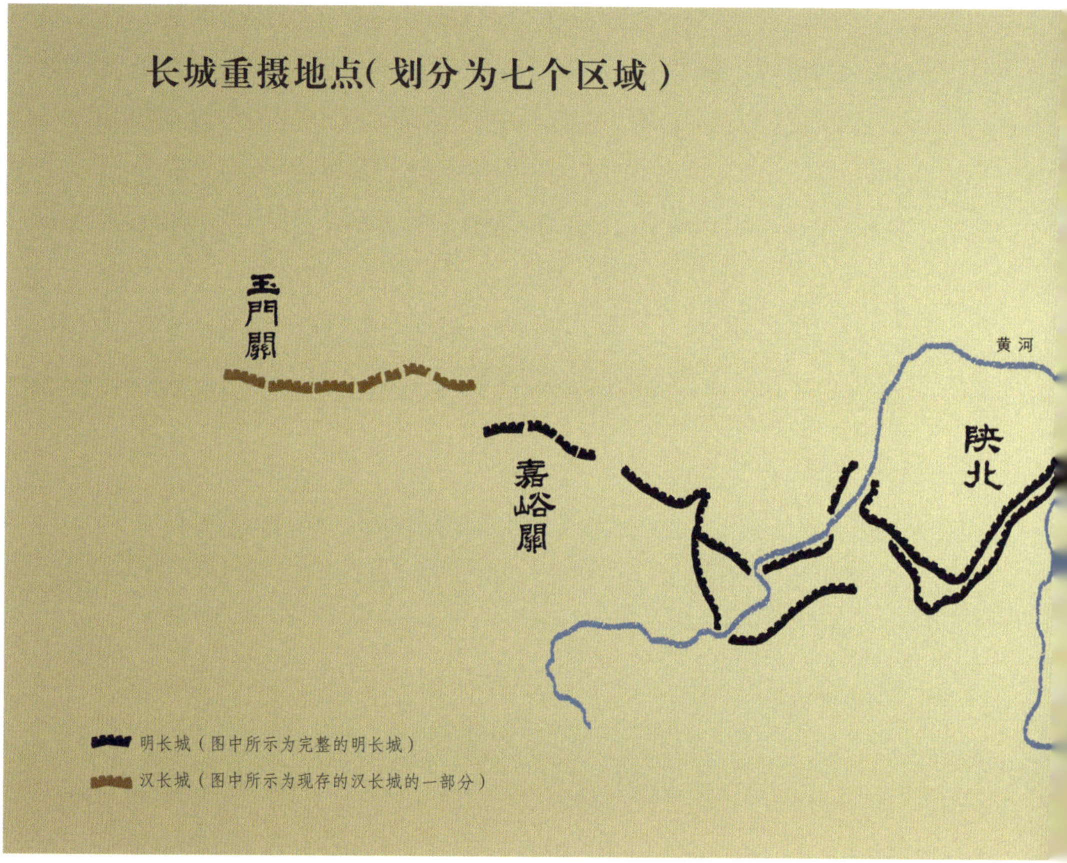

长城重摄地点（划分为七个区域）

玉門關

嘉峪關

陕北

黄河

▬▬ 明长城（图中所示为完整的明长城）
▬▬ 汉长城（图中所示为现存的汉长城的一部分）

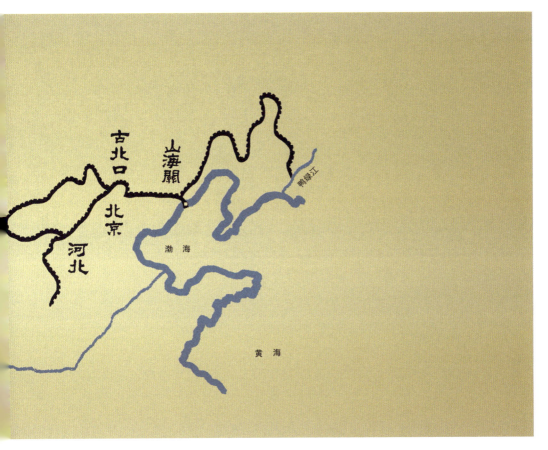

第四章 百年回望，重摄长城

长城重摄地点示意图

玉门关以西马圈湾的一段汉长城。这段长城修建于公元前100年，至今仍高3.75米；墙体用层层芦苇捆堆积而成

一、玉门关地区

在我们重摄的七个地区中，玉门关及其长城防御工事位于最西面。这里的长城建于公元前100年前后，是庞大的汉朝长城体系的一部分。霍去病将军征伐匈奴的战争取得了胜利，汉朝的疆域随之从中原地区向西扩大，现今甘肃省河西走廊以及"西域"被纳入版图。

公元前111年，汉朝中央政府在武威、酒泉、张掖、敦煌等地建立了一系列郡县，边防设施的建设随之兴起，终于遍及整个河西走廊地区。大批农民被迁移到这里种地、修建水利工程，中国东部到西部的贸易往来因此而日益频繁。由士兵长期驻守的边防据点为往来于各绿洲的客商提供保护，随着时间的推移，终于形成了一条又一条道路。时光一个世纪、一个世纪地流逝，1877年，德国地理学家李希霍芬（Richthofen）首次将这些商路称作"丝绸之路"。沿着这条"丝

烽燧上干枯的胡杨木

绸之路"，盛产于新疆塔克拉玛干大沙漠南缘的和田美玉被源源不断地运往东面的中国内地。在敦煌以西，西来的客商无不通过一处有士兵常年把守的边防检查站——这就是玉门关。

汉长城始于玉门关以西的罗布泊，这条长龙蜿蜒东去，一直延伸到现在中国与朝鲜的界河鸭绿江，总长 7200 公里。历代修筑的长城，数汉长城最长——全盛时期的汉长城几乎毫不间断地穿越甘肃、内蒙古、河北、辽宁的广大地区。然而，两千一百年后的今天，无论是从高度还是从完整性看，汉长城的遗存已不多见。保存较好的汉长城遗址集中在甘肃、新疆的交界地区。这可能有两个原因：首先是此处汉长城结构独特，比较坚实；其次是戈壁沙漠的自然条件极其恶劣，可以说是人类活动的禁区，只有少数探险家和旅行者才有胆量深入它的腹地。

历朝历代修长城，都是就地取材。此处汉长城的修建大量使用戈壁滩上取之不尽、用之不竭的黄沙、泥土和砾石。戈壁滩上还有不少盐碱沼泽地，那里丛生的芦苇、红柳和胡杨等耐盐碱植物，也成了现成的建筑材料。玉门关及其周围地区的汉长城的墙体看上去层次分明。使用芦苇和盐水拌泥沙成了这类建筑的主要特点。

除了汉长城本身的结构颇具特色外，此处人类活动较少也有利于汉长城的保护。英国探险家斯坦因是当代第一个来此考察的外国人。他认为这个地方的长城非常值得研究。

秋日阳光下的胡杨树

疏勒河沼泽地上的红柳

二十里大墩（斯坦因的编号：T. IX号烽燧）

在从米兰去敦煌的路上，斯坦因发现了这座烽燧，并给它编了序号IX。一个月后，当他返回这里的时候，发现一个月前他留下的脚印仍然"异常清晰"，这使他十分惊异。在下面的文字中，斯坦因描述了这座烽燧的建筑结构，并解释了它何以保存得如此完好：

> 风和风蚀是古建筑的最大敌人，在几乎完全没有降雨的地区尤其如此。但是，对于此类地区的平坦地面以及地下埋藏的文物，风和风蚀显然未能造成应有的破坏。
>
> 于是，对于这段长城的头两座烽燧何以保存得如此完好，我不再感到惊

威廉·林赛2006年10月留影于玉门关，王彤摄

两个威廉与长城的故事

二十里大墩,斯坦因摄于1907年

第四章 百年回望，重摄长城

二十里大墩，威廉·林赛摄于2006年

奇。这两座烽燧约30英尺高，基础相当坚实，面积为20平方英尺左右。烽燧越向上越细，上面本来有得到胸墙保护的指挥间或指挥台，不过胸墙上的砖早已脱落，用于加固顶层的木梁也已光秃。眼下这两座烽燧都没有楼梯，因此我们无法到顶层去——当年应当有楼梯和用于登楼的绳索，不过这些已经荡然无存。在其中一座烽燧的东墙上，我看到砖面上有小洞，这也许是爬楼时的立脚处。在这两座烽燧周围，我们没有发现曾经有人居住的痕迹，比如居住者遗弃的东西。这里的戈壁滩砾石遍地，地形十分平坦。也许是为了更好地监控它们俯视的大地，在这砾石遍地的高原上，两座烽燧的位置都非常突出，周围还有一些不大的沟壑。

参见《沙埋契丹废墟记》(*Ruins of Desert Cathay*，1912年伦敦版)

按照甘肃省考古所岳邦湖指示的路线，我们乘坐吉普车前往当地人所说的"二十里大墩"——这座烽燧在玉门关以西10公里，故名"二十里大墩"。二十里大墩在自然保护区的里面，由于保护区限制来客人数，每年来这里的人不超过二百，其中大多数是生态学和考古学方面的专家。这是二十里大墩保存完好的一个重要原因。

2006年秋季，我前来重摄二十里大墩。假如斯坦因在这个时候旧地重游，他会比九十九年前初到此地时更加惊奇。这一带长城建筑物，数二十里大墩变化最小——须知二十里大墩已经是2116岁高龄了，保存得如此完好，简直难以置信。仔细考察，我们发现这是一座干打垒建筑物，土坯上覆盖了厚厚的一层泥土。在二十里大墩的左墙面上，这层泥土仍然清晰可见。

沙漏状的第 T.XII 号烽燧

斯坦因是这样写的:

我们在这狭窄的高地朝东南方向走了大约四分之三英里,第 T.XIIa 号烽燧和与之相连的长城就在这里。最后我们到达第 T.XII 号烽燧。T.XII 号烽燧两边的低地和沟壑实际上是同一处盆地向西北方向的延伸……T.XII 号烽燧以南有通往罗布泊的小道,小道高于地面。这一地形特点,使我们得以在远离土长城的地方找到了这个烽燧。通往楼兰的古道显然是从这里起穿过低地,因为此地南面就是人马难以通过的盐碱沼泽地。在这里修建用以监视过往人马、护卫这条古商道的第 T.XII 号烽燧,那是再合适不过了。我坚信,T.XII 号烽燧还是这条古道旁的一座邮驿;与其说它是军事防御工事,不如说它用于警务。

这座烽燧已经破败,用于建造这座烽燧的砖长 15 英寸,宽 8 英寸,厚约 5 英寸,外墙面上的砖则是宽窄面相间。墙体的构造是三层砖夹一层芦苇。北墙上的砖有些呈红色,似乎被火烧过——这个猜想似乎有道理,因为就在北面几英尺的地方,我们发现了一座小型建筑物的遗迹——废墟中有大量灰烬,还有烧焦的木头。我们还找到了十几个木简;其中只有一个值得一提。这个木简上有"宽池显明"(Hsien-ming company of Kuan-chi)的字样——我想,"宽池""显明"可能是 T.XIIa 和 T.XII 号烽燧所在地方的名字。

T.XIIa 和 T.XII 号烽燧东面的沼泽地向北延伸,大约两英里以外,人马才能勉强通过。回头走了一段路,我才证实了这样一个有趣的事实:此处盆地中的沼泽地的表面不与疏勒河的河床相连——疏勒河向北流淌,最后像暗河那样深深地渗入地下。此地长城恰好面向沼泽地边缘上的 T.XIIa 号烽燧。

(参见《沙埋契丹废墟记》)

沙漏状的第T.XII号烽燧,斯坦因摄于1907年

斯坦因知识广博,考古、历史、地理无不精通。在着力寻找各种长城建筑物及其附近地区文物的同时,他把长城建筑物的分布与当地自然特点联系在一起考察。特别是通过研究疏勒河以及这一带的沼泽地,他发现了长城建筑物的地理位置与这个地方的地形、地物之间的逻辑关系,遵循这一关系,就能在修建长城时节省人力、物力。关于军事工程"借自然条件之便",他写道:

> 毫无疑问,经过缜密考察,我搞明白了长城的走向与当地地形之间的关系。长城与各种瞭望站的选址无不目的明确,古代中国工程师们精心设计,修建防御工事时充分利用地形、地物,不仅节省建设成本,而且便于

沙漏状的第T.XII号烽燧，威廉·林赛摄于2007年

驻军守卫。这里的沼泽地以及地面板结的低地连马和骆驼都难以通过，更不必说人了。

站在这碎石遍地、光秃秃的高地边缘，T.XII号烽燧颇具特色的沙漏状外貌依然保留完好，几乎毫无变化。一个牧羊人见我朝着这座烽燧走过来，便迎了上来，试图了解我为何对这个"土疙瘩"感兴趣。他同意与我的朋友朴铁军一道站在斯坦因当年的拍摄机位上让我拍照。斯坦因的照片上有个手持铁锹的民工，眼下这个牧羊人手拿捡石头用于赶羊的工具，足以与那个民工的铁锹相配。

旁边有住房的第T.XIII号烽燧

斯坦因后来从T.XII号烽燧去T.XIII号烽燧。下面是他的描述:

没有缺口的长城从这光秃秃的"沙石海"延伸至第T.XIII号烽燧,距离将近两英里。这段长城的现状较为完好,然而沿途有大约8英尺高的废墟,表明这段长城以东、以南曾经有小型建筑物。T.XIII号烽燧是砖结构,砖的大小与T.XII号烽燧上的一样,外墙面上的砖也是宽窄面相间。基础的面积为23平方英尺,从底层地面到现存顶部的高度为24英尺。我们把东南两面紧靠长城的住房废墟清理干净,发现被长城遮掩的砖石外墙依然保留着几层灰泥。这些灰泥显然是房子建成后涂上去的。

房子都不大,最大的为13英尺长、8英尺宽。从平面图可以推测这些小房子当年的用途,本摄影师趁挖掘时就此向大家作了介绍。一号房间与烽燧东墙有梯子联结;当年这个梯子可能直通烽燧顶部。梯子宽约半英尺,胡杨木登板依然完好。一号、二号房间的墙上有小块凹进去的地方,原先可能是用来储存物品的壁橱。在房间中发现的木简中,有两个记载了准确的日期,分别为公元前56年和公元5年。从住房废墟中发现的其他文物中有一些木支架,几个木质图章盒,其中一个仍然有封盒泥。此外有一个有三个倒刺的青铜箭头,还有一把用得很旧的扫帚。

T.XIII号烽燧最东面的地面向下低15英尺,形成一块低地。可能是由于地形优越,这段长城得以完整地保存下来。一连200英尺,这段长城高达10—11英尺,底部还有大约3英尺被沙石掩埋。墙体中的芦苇层厚度为2.5—3英寸,两层芦苇之间的土石夯层约8英寸厚。随着时光流逝,墙体变得像水泥那样结实。

旁边有住房的第T.XIII号烽燧,斯坦因摄于1907年

旁边有住房的第T.XIII号烽燧,威廉·林赛摄于2007年

如前所述，士兵、商旅的长期践踏，使这段长城边的古道变得破败。然而，在阳光照射下，这条古道依然清晰可见。沿着这条古道，向东可以到达一英里半之外的沼泽地边缘。古道宽1—2英尺，路面4—5英寸厚，它与长城始终保持9英尺距离。

（参见《沙埋契丹废墟记》）

造访此地，我发现这座烽燧几乎与一百年前一模一样。右面的轮廓与一百年前完全相符。不同的是为了更好地保护，烽燧周围架设了栅栏。

T. XIII 烽燧以东的"古老边防墙"（从东西两个方向看）

关于自己的这段经历，斯坦因写道：

> 我决定尽可能沿着长城及其烽燧构成的曲线向东走。当我们走下砾石遍地的山坡的时候，残留的长城看上去越来越高。在超过一英里长的这个路段，尚存的长城依然大体完整。这段长城离地面的高度为5—6英尺，下部还有好几英尺被沙掩盖——强劲的风把黄沙吹到这里，并在长城脚跟下堆积起来。
>
> 甚至不用刮擦墙面，我们就很容易地看到修筑这段长城使用的材料。由于风蚀，大多数地方的束柴护门已经消失；然而，墙体上的夯土和芦苇捆依然层次分明。每层夯土大约7英寸厚。尽管这混杂着砾石的建筑材料相当粗劣，但这夯土层却十分结实。芦苇层也是大约7英寸厚，芦苇捆扎得非常结实而且排列有序，芦苇头也切割得很整齐。墙体平均厚8—9英尺。
>
> （参见《沙埋契丹废墟记》）

这两张老照片的画面，是从相反方向拍摄的同一段长城。这段长城外形独特。它用层层芦苇捆修建，保存最完好的地方有十层芦苇捆，因此看上去像是茅草盖顶。面向西的画面上还有一座烽燧。两张老照片上的人是同一个人。从包头巾和穿着看，此人应当是个印度人。几乎可以肯定，他是斯坦因的助手，名叫拉姆·辛格（Naik Ram Singh）。他来自印度测绘局，为斯坦因提供与地图相关的服务。

重摄中我发现这一带长城的变化微乎其微，与玉门关的情况颇为相似。在面向东的新照片上，我们看到老照片上拉姆·辛格头上的芦苇捆在经历一个世纪的风雨之后已经有所破损，拉姆·辛格左面的长城从地面到第六层芦苇捆也有少许破坏。这段拥有两千一百年历史的汉长城至今保存完好，的确令人赞叹。为了加强保护，周围已经竖立起栅栏。

T.XIII号烽燧以东的"古老边防墙"（向东看），斯坦因摄于1907年

T.XIII号烽燧以东的"古老边防墙"（向东看），威廉·林赛摄于2006年

T.XIII号烽燧以东的"古老边防墙"(向西看),斯坦因摄于1907年

T.XIII号烽燧以东的"古老边防墙"(向西看),威廉·林赛摄于2006年

"备用"的积薪

斯坦因还发现了用芦苇捆构筑的工事,他写道:

第一次来此探险,在考察了几座烽燧后,一些小土墩引起了我的注意。每个小土墩占地七八平方英尺,最高的有7英尺。仔细检查,我发现这些土墩实际上是捆扎起来的芦苇或树枝护捆,它们层层平放,两层之间有沙石。那么,这是有意设计的呢,还是原先只有护捆,沙石是被飓风挟裹来的?对于这个问题,我一时难以回答。

这些护捆摆放得非常整齐,我们发现,无论是用芦苇还是树枝捆扎而成,它们都与修建长城用的护捆相同。由此我意识到,这里的护捆是用于长城紧急抢修的预制件。有了这些预制件,一旦长城出现缺口,驻军能就近取材修复,而不必从远处调运建筑材料。但是,我们仍然不明白为什么在有些烽燧当中,有的护捆被整个儿烧掉了,只留下炭渣。对此我们作了种种猜想,然而就连最"合理"的猜想最后也被我们自己推翻。这个谜团,直到乔万先生把部分汉简的内容翻译出来才被解开(斯坦因把他出土的汉简送回伦敦找人翻译。——作者注)。原来各烽燧经常需要点燃烽火,显然,当情况紧急或者在夜间必须点燃特别大的烽火的时候,守军就干脆点燃整捆芦苇或树枝。

(参见《沙埋契丹废墟记》)

不过值得指出的是,甘肃省考古研究所的已故研究人员岳邦湖认为,这些芦苇捆即积薪只用于点燃烽火,不用于修复长城。沙石是风吹来的。

重摄此地,我在长城南面150米的地方找到了五个这样的积薪,而且全都用栅栏围了起来。

"备用"的积薪,斯坦因摄于1907年

"备用"的积薪,威廉·林赛摄于2006年

第四章 百年回望,重摄长城

111

玉门关（T. XIV号烽燧）

下面是斯坦因对XIV号烽燧的描述：

跋涉10英里后，我们看到一座保存完好的小型烽燧。这座烽燧大约30英尺高，各部分的比例适当，墙是用若干层夯实的泥土堆成的，每层大约3英寸厚。围墙底部厚达15英尺，边长约90英尺。作为防御工事，那是再好也没有了，不仅能抵挡来犯的敌人，而且能挡住从东面刮来的大风。就是在这里安家也不错。不过在烽燧里我们没有发现有人长期居住的痕迹，地上有些垃圾，看来是近年有人在这里临时落脚时留下的。我在烽燧的一角找到了仅存的楼梯，得以爬到楼顶，四面望去，周围全是荒野。

站在烽燧顶上看周围，视野宽阔，景色壮美。此刻太阳在我们的背后，东北方向的远处，有四座错落的烽燧沐浴在阳光下，像是无声的卫兵捍卫着在这里的我，还有这里发现的一段又一段长城。在我的眼中，这段长城连成一条时隐时现的棕色长线。我想，这座高地上的烽燧位置实在优越，指挥官能清楚地观察连成一条线的各个烽燧，看到信号从一座烽燧传送到另一座烽燧。然而，这一切发生在多少年前？北方地平线上，清楚地耸立着昏暗的荒山。库鲁塔格山脉（音译）的山头上寸草不生，这些山头最先看到长城及其烽燧的建成，并且随着时光的流逝目睹了这些建筑物——消失。

（参见《沙埋契丹废墟记》）

几个星期后，斯坦因返回T. XIV号烽燧，并以他特有的工作方式对这座建筑物及其周围进行了系统的考察。在这座烽燧北面90米处的小山脚下，他雇用

玉门关（东北墙面），斯坦因摄于1907年

玉门关（东北墙面），威廉·林赛摄于2006年

的工人挖掘出一些陶器碎片,还有一些从公元前48年到公元前45年遗留下来的汉代木简,木简上有字迹。斯坦因写道:

> 这些文件看来是写给某个高级军官的。这使我们联想到这里可能是敦煌防御体系中的一个地区性司令部。这个想法后来得到了支持——我了解到,至少有一份文件肯定来自敦煌地区的最高军事长官,还有几份文件是遵从这位长官的命令向他提交的报告。

玉门关(西墙面),斯坦因摄于1907年

就这样，斯坦因找到了玉门关。

重摄玉门关，没有遇到周折。玉门关又称"小方盘"，在敦煌以西90公里。我重摄的两幅照片，分别显示"小方盘"的东北墙面和西墙面。

玉门关东北墙面的老照片是在一个清晨拍摄的。斯坦因在《沙埋契丹废墟记》一书中说，小方盘内滋生着讨厌的虫子，因此他们在小方盘附近露营，而不是在小方盘内。现在玉门关北入口被人用砖头封死，我们看到牲口粪招来不少虫子，据此推断可能是牧民把门封死，在小方盘里养牲口。为了使画面生动，

玉门关（西墙面），威廉·林赛摄于2006年

斯坦因拍摄照片时候喜欢镜头中有人。在这张老照片上，紧挨玉门关东面墙的东南角处还有一段夯土墙屹立着。岳邦湖说，这段夯土墙早在20世纪80年代就崩塌了。

重访此地，我发现玉门关东面墙部分（紧靠入口左面）已经重修，整个玉门关已经围上了金属栅栏。

在玉门关西墙面的老照片上，即西入口处，有斯坦因雇用的四个人和他们的马。夜间，这些马匹很可能被拴在玉门关里。照片右首角落里有一个很小的东西，那是一条狗，几乎可以肯定它是斯坦因豢养的众多名犬之一。斯坦因的"达西系列犬"早就出了名。老照片上的犬是"达西2号"，又名"猛追大帝"（Dash）。这是一条猎狐犬，1904年还是崽子的时候就被斯坦因收养，以后陪伴斯坦因在塔克拉玛干大沙漠周围探险，行程1万英里。《每日邮报》曾开辟专栏，介绍斯坦因的这次考察，其中一篇文章说"猛追大帝"是斯坦因"最好的朋友"，这条狗由此出名。文章说，这条狗习惯于跑在主人前面，主人宿营后才回到主人身旁，只有在酷热难耐的时候才和主人一道骑马，因此它实际上"走"了2万英里。"猛追大帝"活到14岁，1918年在牛津被公共汽车碾死。当时斯坦因住在牛津，正在与出版商洽谈《西域考古图记》（*Serindia*）一书的出版事宜。"猛追大帝"的照片，后来收入这本书中。

重摄此地，我发现自老照片拍摄以来玉门关没有发生明显的变化。新照片上那个瞧着栅栏的人来自北京。他看了老照片，认为斯坦因给后人留下了值得研究的照片，这一点应当肯定。

河仓城遗址（T.XVII）

关于这处古遗址，斯坦因是这样描述的：

第二天（1907年4月26日）早晨，我把营地转移到5英里之外，那里有一处很大的古遗址。我们在第一次去敦煌途中见到过这处古遗址，它那巨大的规模当时就让我们惊叹。

对于敦煌地区长城建筑物的结构和布局，我已经不再陌生。对这个遗址，我也进行了研究。尽管如此，它的性质和功能究竟是什么，开始我仍然无法找到回答这个问题的任何线索。

遗址的围墙总共长550英尺，乍看上去像衙门。但是，围墙内建筑物的形制与衙门完全不同。它有三座建筑物，各为139英尺长，48.5英尺宽，纵向朝南排列。

斯坦因在这里进行了详细勘察，发现这三座大厅全都没有窗户，对此他感到迷惑不解，又是汉简给他提供了揭开这谜团的线索。斯坦因认为出土的汉简中有两方面内容与这古遗址有关，一是这座粮仓的位置，再就是这座粮仓于公元前52年建成。他写道：

这座外形古怪的大型建筑物很可能是为长城沿线驻军提供给养的仓库。它的建筑结构相当独特：没有窗户，却有通气孔，三座大厅都不适宜人类居住，遗址建在高处（此地北面就是湖泊和沼泽地），周围交通便利。从遗址内的军事设施布局看，守军的主要任务是防贼，而不是打退来犯的敌人。

（参见《沙埋契丹废墟记》）

两个威廉与长城的故事

河仓城遗址（T.XVII），斯坦因摄于1907年

河仓城遗址（T.XVII），威廉·林赛摄于2006年

第四章 百年回望，重摄长城

河仓城像是一个巨大的方形盘子，因此又名"大方盘"。它紧贴从短短的疏勒河南岸向东蜿蜒至玉门关的长城。诚如斯坦因考证的那样，河仓城是一处粮仓，不仅为守卫长城的军队而且为长城怀抱中丝绸之路上的商人提供给养。

　　河仓长约132米，最宽处17米，保存最完好的部分高7米。粮仓必须通风，才能防止粮食霉烂。在防止粮食霉烂这个问题上，河仓城得益于它的地理位置。这座粮仓在疏勒河和附近沼泽地的南面，地势较高，空气可以流通；另外，三座大厅的墙上都开了相当大的通气口。

　　1943年，根据考古学家阎文儒在此处挖掘的西晋碣石所记载的文字来考证，河仓城自汉代到魏晋一直是长城边防储备粮秣的重要军需仓库。这说明河仓城建成后至少使用了大约一千三百年。这里还发现了大麦和小米。

　　重摄此地，我发现过去一个世纪中河仓城几乎毫无变化。现在河仓城已经用栅栏围了起来。

"木长城"（T.XXXV号烽燧东边）

我手中的照片原作是斯坦因拍摄的，虽是复制品，但足以显示原作十分精彩。画面已经没有光泽，那是我风餐露宿寻找原作拍摄地点的结果。当时我身处敦煌至柳园的215国道旁，这条公路围着我要去的地方转了一个弯。记得我打算找一位农民当向导，领我去那个地方，步行、骑马或骑骆驼都行。于是我让路边种西瓜的、放羊的看这张照片。他们都说这段长城不在这儿。我坚持不懈地找了两天，终于有人保证，我要找的地方不远了，离大路不过几公里。于是我们开一辆面包车前去。然而越往前开，路况就越糟糕，最后干脆没路了，周围全是荆棘丛。次日，我们换乘一辆四轮驱动吉普，这次没走多远就被一条很深的水道拦住了。一个牧人说，附近水库正在开闸放水。此地没水的时候是干沟，水一来就成了河道，水再大点儿就成了人马、车辆统统无法通过的沼泽地。

大约一年后，我再次来到敦煌。下车伊始，就迫不及待地寻找我心目中

吉普车在高低不平的戈壁沙漠中一寸寸地挪动，朴铁军摄于2007年

的"木长城"。玉门关附近的汉长城是用芦苇、碎石建造的;而敦煌以东约100公里安西地区的长城则更不多见。这一带红柳遍地,难怪很难走车。当年人们就地取材,用红柳的枝条修长城。据斯坦因所著《西域考古图记》一书记载:"此地有一段保存相当完好的长城,这段没有破损的长城长256英尺,有些地方高达7英尺,用层层红柳枝和芦苇堆积而成,每层厚7英寸,两层之间填一层夯土。"

我这次考察,由国际长城之友协会的志愿者摄影师朴铁军陪同。在我整个长城探险经历中,这是第一次用GPS寻找可能的重摄地点。GPS参数是阳关长城博物馆戴文生提供的——若干年前,戴文生参加了对这一带的正式科学考察。

根据GPS参数,从公路旁到"木长城",最短距离仅15.1公里。我们从公

威廉·林赛在前往"木长城"的途中,朴铁军摄于2007年

路旁驱车进入沙漠。走了一二百米，我们发现路的一边是很深的干河沟，另一边是一眼望不到边的灌木丛。吉普车碾着干土块一寸寸摇摇摆摆地挪动。为安全起见，我们俩决定在看上去较为坚实的干河床上开车。然而，怎样做才能把车开进河床却成了问题，我们俩费了好大力气，才给河岸开了个口子。这辆吉普车重达1600公斤，在它的重压下，看上去坚实的河道变得既松软又泥泞。没办法，只好上岸，硬着头皮在灌木丛中开出一条路。没料到看上去一碰就断的灌木，竟然如此坚硬，而且车轮、底盘不时被树枝缠住——14.3公里之外，就是我们正在寻找的长城。就是用这些枝条，古代的中国人修建了我们正在寻找的长城！开车一个多小时，我们才走了800米。我决定打道回府，另作打算，争取次日获得成功。

如果边走边修路，那么乘车去那个地方也许可行。然而，我既不想把时间耗费在修路上，更不愿破坏本已脆弱的沙漠生态。干脆步行——北京时间清晨6时动身（此地在北京以西21个经度，因此当地时间是4时30分）。这样做一是为了避开暑热，二是能在阳光角度较低、光线最佳的时候赶到现场。我们不打算在那里逗留过久，大约45分钟即可，这样，10时左右我们就能往回走，正午时分前开车回家——须知正午前后，此地气温高达40摄氏度！

* * *

拂晓时分，蚊虫扑面。我们俩只好在浑身上下涂上一层效力强大的驱虫剂。好家伙，一打开车灯，大队蚊虫就像云团那样从树丛中轰然升起。这个预防措施可谓百分之百的有效。真走运，此时满天星斗，勺子星倒挂在天上，像是个巨大的问号：你们今天能成功吗？

我一手拿着GPS，一手拿着加了红色滤光罩的手电筒，可谓"全副武装"。

此刻天气仍然很凉,而我为了减轻行军时的负重,宁可受点儿凉。点击 GPS 的"Go"键,显示今天的来回路程为 29.5 公里。

没多久,我们就越过了昨天"探路"走到的最远处。太阳已经在东方地平线上露头,放射出橙色的光芒——今天肯定又是万里无云,阳光灼人。太阳升起来了,除了我们长长的身影,广袤的沙漠上别无他物。不时能看见汽车碾轧过的痕迹,不时能见到废弃的轮胎,地面上还有兽蹄印,可能是骆驼或羚羊的蹄印。透过望远镜,我看到前方大约 400 米有三堵白色的高墙。仔细一看,原来是羚羊穿过灌木丛奔跑时踢起来的尘土。

所有的生命迹象——当地人畜留下的也好,匆匆过客留下的也好——终于被我们甩在身后,现在我们置身于一块很大的平地,那里到处是五颜六色的碎石,地面板结了一两寸厚,走在上面像是踩着薄雪。回头看,我们来时的脚印清晰可见,心想回去时只要顺着自己的脚印走就可以了。突然,远处正前方有个物体引起了我的注意。我对小朴说:"那是一棵树。"小朴用望远镜看了看,说:"是的,是一棵树。""离我们多远?"我问道。小朴说大约 5 公里,我说不对,是 4 公里。25 分钟后,我们到达那里,此刻,我们俩已经走了 2500 米。我管这棵树叫"天来之树"(The Tree of the Middle of Nowhere),方圆好几英里只有这么一棵,树冠稀稀拉拉,我们在它的阴影下休息——现在还早,是 7 时 40 分,太阳仍未完全升起,树冠的阴影离它的躯干竟然有 20 多米远。我们俩开始吃早餐——今天的给养包括 12 瓶水、6 个营养面包、一大口袋杏干,外加苹果、鸡蛋和火腿三明治。

我对小朴说,这是一棵胡杨树。中秋时分,胡杨叶子一片金黄,非常好看。2006 年 10 月,我在玉门关以西考察时见过大片胡杨林。考古证据表明,汉朝时,人们用胡杨树的枝干修建烽燧。如今座座烽燧依然连成一条线,十分醒目地屹立在长城上。

我们在胡杨树的阴影下休息了 10 分钟便起身上路了。我们尽量加快速度,

方圆几英里内的戈壁滩上,只有这棵胡杨树能遮阴,朴铁军摄于2007年

在这戈壁沙漠中比较平坦的地方,最大行进速度为每小时 6.2 公里;遇到地面板结,我们就把行进速度降低到每小时 4 公里以下。

在我们的右前方,烽燧的轮廓依稀可见,那就是斯坦因 1907 年 4 月考察过的玉门关至安西的汉长城。当我用望远镜瞄准前方调整焦距的时候,望远镜中突然出现了一处深绿,像是阳光照射在水面上。是海市蜃楼吗?我担心我们俩是不是在朝着一片沼泽地或河流径直走去。我对小朴说:"咱们得朝东北方向走。"

我们又走了 2 公里,来到一个到处是低矮的沙山和大片红柳的地方。这里的

"木长城"结构细部,能看到粗大的红柳枝

第四章 百年回望，重摄长城

XXXV号烽燧以东的长城，斯坦因摄于1907年

XXXV号烽燧以东的长城，威廉·林赛摄于2007年

地面特别软，走在上面特别费劲，我们只好把行进速度降低到每小时 2 公里以下。然而，没过多久，我们就走进一个地面坚实的广阔地带。只剩下最后几公里了，我们把行进速度加快到每小时 6 公里。我满怀乐观地说："大概 9 点一刻咱们就到了。"

GPS 显示我们距目标只有 800 米了。前方又是一座接着一座低矮的沙丘。此时，我想起斯坦因在《西域考古图记》中说过，"突然间"他看到了两边全是沙丘的长城。我忘情地喊道："那儿！就在那儿！"

然而我高兴得早了。要么是斯坦因一个世纪前考察过的长城已经毁坏，要么是 GPS 显示的是另外一段保存不够完好的长城。对于他考察的长城，斯坦因是这样描述的：

> 这个地方的中心部位有一段非常结实的长城。墙面上几乎看不到风蚀的痕迹，因此很容易考察它的建筑方法。这段长城高 7 英尺多一点儿，用护捆夹夯土建造，我数了数，发现一共有 8 个双层护捆，每个双层护捆之间是夯实的泥土和碎石。

斯坦因说的显然是"木长城"，然而我们在这里看到的长城最多 4 英尺高，底部被沙掩埋，而且墙面风蚀严重。总而言之，它与老照片上的形象对不上号。此外，我们晚到了一小时，这段长城在阴面，无法拍摄高质量的比对照片。

突然间，我想到这段长城应当有两面。我找到一个缺口爬过去，向前再走几十米，终于来到 1907 年 4 月斯坦因拍摄照片的地方。这段长城，正是他当年拍摄过的"木长城"。简直难以置信，这座拥有两千一百年历史的建筑物竟然与一百年前一模一样！

嘉峪关长城鸟瞰，杰米·林赛和汤米·林赛航拍于2016年

二、嘉峪关地区

嘉峪关位于甘肃省西北部，我再次造访的嘉峪关长城，乃是明长城的最西端——对此，人们没有争议。

明朝是把长城当作军事防御工程使用的最后一个朝代。明长城起于西部大戈壁，向东蜿蜒大约8851.8公里，穿越广袤的中国大地，直到鸭绿江。从地形学的角度说，明长城沿途有不少地方非常便于大规模的骑兵入侵。这些易攻难守的"关口"，也就是战略要地，是长城防御体系建设的重点。当年这些地方的防御工事规模宏大，体系完整，并且不断得到改进。

"嘉峪关"中"嘉峪"的意思是"美丽的山谷"，"关"的意思是"屏障"。过去西方人经常把中国比作"美丽的山谷"（the Pleasant Valley），因此把"嘉峪关"称为"美丽山谷的屏障"（Barrier to the Pleasant Valley）。顾名思义，在嘉峪关修建长城工事，显然是为了抵御游牧民族的入侵。这些防御工事的设计，充分说明当时的军事战略家善于利用地形，从而确保这个战略要地万无一失。具体地说，嘉峪关位于长达1000公里的河西走廊最狭窄的部位，南北宽度仅15

公里,是整个河西走廊地区的瓶颈。这样的地理条件,使长城防御体系的功能得以加强。在嘉峪关地区,来者只会有两个选择,要么强攻固若金汤的长城防御体系;要么绕道,避实就虚,然而嘉峪关周围几乎无法通行。

嘉峪关以北的黑山,是马鬃山山脉的一部分。嘉峪关以南是山麓丘陵,它们在延伸中突然拔地而起,成为祁连山白雪皑皑的峰顶。戈壁沙漠中的这个狭窄地段有两个突出的特点:首先是有一块高地,长城防御工事就建在这里。其次是有一处深谷即祁连山峡谷,深谷两旁是陡峭的峡壁,其走向与南面的丘陵平行——这里就是明长城的西部起点。

嘉峪关雄踞高原要津,这是一个庞大的关城,内径有1000米,北面有所谓"暗壁",南面是城墙。雄关傲视,高墙屹立,三座城楼耸立其上,每座城楼都是三层飞檐——这一切,都在对来自远方的入侵者显示中华帝国的强盛。1935年,曾经有一位名叫米尔德丽德·凯布尔(Mildred Cable)的英格兰女传教士从西面接近过这个地方。她没有携带相机,不过她用文字描述了这里的壮美景象。她写道:

> 眼前是碎石遍地的荒原,马车在剧烈的颠簸中一英里、一英里地缓慢前行,关城的轮廓逐渐清晰起来。那座建筑物的确雄伟:中间是拱楼,北面是塔楼。从这里起,长城宛如长蛇,钻进山谷,又爬上一座山,最后在顶峰上消失。
>
> 长城这座历史丰碑屹立在我的眼前,雄浑而又庄严。面对长城,人们不禁思绪翩翩:这里是嘉峪关,是"美丽山谷的屏障",是一个伟大却令人迷惑不解的建筑物的西部起点——这建筑物,就是中国的万里长城。此时此刻,长城在我们北面的山脊上蜿蜒爬行,它将顽强地穿越中国大地直到海边,无论是高山、山谷还是河流、沙漠都不能阻挡;它的旅程将长达

在瓮城内看光化楼,威廉·林赛摄

1200英里。

[以上摘自米尔德丽德·凯布尔与弗朗西斯卡·弗兰奇所著《戈壁大沙漠》
（The Gobi Desert）一书]

早在米尔德丽德·凯布尔之前近三十年的1907年,斯坦因成了携带照相机造访嘉峪关的第一位欧洲人。他在嘉峪关城外建立了营地,用了整整两天时间考察嘉峪关的防御工事。斯坦因拍了一些照片,我在他当年拍摄地重摄了三幅。不过要说明,现存的嘉峪关老照片,多数是美国人威廉·埃德加·盖洛在1908年拍摄的,当时,他即将结束为期两年的长城考察。

这两位早期长城探险家拍摄的照片,为我们了解近百年来长城发生的变化提供了佐证。这些老照片准确地显示了长城建筑物丰富多彩的面貌,有雄伟的关城、高耸的城楼,当然,还有人们难得一见的夯土长城。

祁连山山谷中的讨赖河

准确地说，明长城墙体的西部起点应该是"第一墩"。从新老两幅长城照片上都能看到，"第一墩"位于左上角地平线上，实际上是一个墩台，摇摇欲坠地蹲踞在82米高的峡壁上。峡壁下面，讨赖河中的冰雪融水奔腾而下，湍急的河水冲刷着河道，河的转弯处冲刷得尤其严重，直接威胁"第一墩"的基座。

1908年，威廉·盖洛曾经在此处拍摄。重新拍摄的照片显示，为了保护这座墩台，当地于1999年修建了一条防波堤，从而减轻了河水对峡壁的冲刷。

1998年，一位名叫郭迎明的香港游客来到这里，目睹讨赖河对峡壁的冲刷，他不由得忧心如焚，预感到下次再来此地，由于河水不断侵蚀峡壁，这座墩台很可能不复存在。于是他慷慨解囊，捐献了50万元人民币，加上当地政府出资20万元，使这条防波堤得以修建。

嘉峪关长城博物馆原馆长李晓峰正在介绍讨赖河的情况

讨赖河，威廉·盖洛摄于1908年，后来被制作成大银幕幻灯片

讨赖河，威廉·林赛摄于2005年

第四章 百年回望，重摄长城

长城"第一墩"

威廉·盖洛于1908年8月拍摄的"第一墩"照片中有他自己的形象。对于自己漫长旅途的最后几英里,他进行了如下描述:

> 我们骑骡子来到这里,造访万里长城真正的终点。我们发现,嘉峪关本身并不是长城的终点,长城的真正终点位于嘉峪关西南十五里处,这里荒无人烟。从嘉峪关到这里,途中我们没遇到一个人,也没有发现任何民居。不过我们看到了五只黄羊,证明这里仍有生命存在。除了扑面而来的风沙以及棕色的灌木丛,这里没有其他色彩。如果不是终于看到了我们苦苦寻找的万里长城的终点,那么我们绝对没有必要进行这次乏味的旅行——万里长城毕竟是亚洲最伟大的建筑物,看到万里长城的终点,总算不虚此行。
>
> 长城真正的终点到了!但眼前的一切,使我们大吃一惊。这座建筑物并不紧靠南面的山,而是建在一座大约200英尺高的陡峭峡壁上;这个峡壁几乎成直线,像是工程人员凭铅垂线砍出来的。克拉克先生往下丢了一块石头,他的心脏跳动八次之后,才听见石头落入河水的声音。

在长城沿线众多的烽燧中,从西数"第一墩"是第一座,从东数它是最后一座。这座墩台俯视祁连山谷,隔着讨赖河与南面的祁连山脉遥遥相望,四面望去,西面的戈壁沙漠一览无余。长城残段从这里延伸,直到7公里外的嘉峪关。这段长城修建于1539年,是在肃州兵备道李涵监督下修成的。

从重摄的照片上可以看到,第一墩的基座依然完好,只是稍微残破了一些。这座珍贵的墩台现在被栅栏围了起来,既是为了保护这座古建筑,也是为了确保游人安全——现在,登上这陡峭峡壁的游人越来越多。

长城"第一墩",威廉·盖洛摄于1908年

长城"第一墩",威廉·林赛摄于2006年

第四章 百年回望,重摄长城

嘉峪关关城与嘉峪关长城

威廉·盖洛于1908年拍摄的嘉峪关照片，是现存最早完整表现嘉峪关城墙的图片资料。在这幅老照片上，我们看到除城墙外，只有一匹马和马夫。为了弥补照片的不足，威廉·盖洛用文字记录下他在城门外的所见：

> 我们孤零零地穿过了嘉峪关西门，孤零零地置身于茫茫荒野。往西看，景色荒凉，没有人烟，寸草不生的沙漠无边无际，一直延伸到天边。纵目远望，只见漫天风沙，遍地碎石。此外还有残破的电线杆子，像是已经石化的人在沙漠中站立，高高举起电线，似乎在向远方的人们传递和平或者战争的信息。

我重摄的照片显示，在嘉峪关城门外，威廉·盖洛所说的"电线杆子"成倍地多了起来，与过去一样，大多数是输电线。现在的嘉峪关坐落在林立的电力"华表"中，表明这个城市的现代工业日益繁荣。

早在1987年，长城就被联合国教科文组织列入《世界遗产名录》。然而，它至今被看作文化遗产，而不是文化-自然遗产。因此，从理论上说，长城的自然景观没有被列入保护范围。我要强调，长城自然景观必须保护，因为它不仅具有美学意义，而且具有考古价值——长城是就地取材修建的。

第四章 百年回望,重摄长城

嘉峪关关城和嘉峪关长城,威廉·盖洛摄于1908年

嘉峪关关城和嘉峪关长城,威廉·林赛摄于2005年

嘉峪关开放长城

为嘉峪关长城留下许多重要老照片的还有斯坦因。1907年7月的一天，当斯坦因快要接近嘉峪关的时候，看到落日映照下的长城构成了一条时隐时现却又十分清晰的白色曲线，目睹此景，他不由得惊异万分。当时，他距离嘉峪关32公里，还得再走多半天才能到达嘉峪关。

第二天，经过"漫长而又乏味"的跋涉，斯坦因一行总算离嘉峪关不远了。此时，"阳光直射大地，没有一丝风，天气炎热、干燥"，他们只好找阴凉的地方暂时躲避起来。如此断断续续，终于走完了最后一段路。斯坦因写道：

> 在大约2英里的地方，我们终于看到了城墙上那座好几层高的木质城楼；更近一些，我们看到，城门由一座正方形的堡垒拱卫，土质城墙从那里向两边延伸。往南看大约7英里是南山，山脚下有一处防御工事。

斯坦因拍摄的照片，把这段长"7英里"（实际上是7公里）的长城的全貌呈现在我们眼前。那时，这段长城十分完整。从他的照片上看，除了少数延伸进地平线那头山里的部分，整段长城像是一条蜿蜒前行的长龙。不幸的是，这条"长龙"的"尾巴"现在已是支离破碎了。17条输电线路，外加一条废弃的公路、一条主路、两条辅路、八条土路、两条铁路把这段长城分割得惨不忍睹。人们在长城边仅10米的地方取土挖沙，本来就十分脆弱的戈壁沙漠的生态环境因此遭到了进一步破坏。

不过也有迹象表明人们开始注意长城景观的保护。比如2004年，西气东输管线和312国家高速公路都是从这段长城下面挖隧道穿过的。

2006年的一天,威廉·林赛等待最佳拍摄光线,趁这个时候录入GPS资料

第四章 百年回望,重摄长城

两个威廉与长城的故事

嘉峪关开放长城,斯坦因摄于1907年

嘉峪关开放长城,威廉·林赛摄于2006年

嘉峪关关城与柔远楼

　　这里有两幅老照片，都是斯坦因在 1907 年拍摄的，一幅是近景，一幅是远景，把嘉峪关关城上建筑物形象地展现在我们眼前。近景照片的画面是柔远楼，即照片远景中左起第二座建筑物。柔远楼紧靠城楼右边，斯坦因的拍摄地点是嘉峪关城楼的第二层。远景照片的拍摄时间是 1907 年 7 月 19 日。照片刚拍完，斯坦因就遇到了一队"衣着华丽"的士兵，他们是嘉峪关驻军司令派来保护斯坦因一行的。在士兵的陪同下，斯坦因一行连人带马走小路来到位于嘉峪关东南的一片"树木环绕、景色秀丽的草地"。按照自己的习惯，斯坦因立即动手安营扎寨。但是，还没来得及把帐篷竖起来，就来了一位"尚大人"。这位"尚大人"是嘉峪关守备，是一位和蔼可亲的老先生，他的衙门就设在嘉峪关城内。斯坦因与"尚大人"以嘉峪关防御工事为话题攀谈起来，谈得非常投机，斯坦因甚至忘掉了自己本来是打算洗澡、换衣服的。没有费什么事，斯坦因就获得了这位"神采奕奕"的"驻军司令"的青睐，被他派来的轿夫抬进衙门：

　　　　走进嘉峪关城门，穿过大街，短短一段路上所见，真是大开眼界。用红色泥土修筑的城墙看来维护得很好。目睹那些有射孔的工事，我们似乎回到了中世纪。穿过三座拱门，才来到"尚大人"的"司令部"。这衙门的规模不大，并且被高墙环围。嘉峪关内城很小，房屋破旧得令人心酸，不过住进守备衙门倒是挺舒服的。

　　在嘉峪关守备衙门，斯坦因享用了一顿"洁净的美食"，更让他吃惊的是进餐前，主人给他提供了澡盆、热水、毛巾和肥皂。关于这一天得到的礼遇，他写道："在中华帝国西大门所在的地方，我不可能得到比这里更热情的欢迎了。"

次日清早，斯坦因开始考察嘉峪关关城的内部。他写道：

在我登上"大城楼"之前，太阳已经高高升起。"大城楼"（嘉峪关城楼）在西门，从那里我能清楚地眺望四方。从"大城楼"第二层远远望去，相当破败的防御土墙尽收眼底，墩台一座连着一座，一直延伸到荒原的深处。

1971年，在那个"文学为革命服务"的时代，嘉峪关市文联主席王金受命讲授诗歌创作。开课的地点是嘉峪关关城内一个相当古怪的地方（具体地说，是在1907年老照片中间靠左那片低矮的营房里）。他日复一日与嘉峪关密切接触，

嘉峪关关城，斯坦因摄于1907年

生活因此发生了改变。他渴望有朝一日走完长城全线,从而目睹长城的全貌。十一年后,他把生活必需品放进自行车篮子里,从山海关出发,骑自行车西去,直到嘉峪关。从此,他用相机记录了整个西北地区的长城,并且出版了许多表现长城的艺术摄影集,其中一幅悬挂在位于北京的人民大会堂甘肃厅。此外,他获得了"西北王"的美称。

看到嘉峪关的老照片,王金说,柔远楼就是1907年斯坦因登高拍照的那座城楼,早在20世纪30年代被焚毁。审视老照片,观察嘉峪关四周,他指出整个原始景观已经被林立的烟囱破坏。他认为离嘉峪关城墙最近的那个烟囱,也就是水泥厂的烟囱应当拆除,因为若干年后还可能有人前来拍照。

嘉峪关关城,威廉·林赛摄于2004年

两个威廉与长城的故事

嘉峪关摄影师王金回忆20世纪70年代在嘉峪关柔远楼的情景

嘉峪关柔远楼，斯坦因摄于1907年

嘉峪关柔远楼，威廉·林赛摄于2004年

嘉峪关关城内

20 世纪初期的嘉峪关"城"其实是个四面高墙环围的古堡。一位名叫乔治·欧内斯特·莫理循（George Ernest Morrison）的澳大利亚探险家、记者兼政治事务顾问曾经把城中的景象拍摄下来。除了童年之外，莫理循在中国几乎度过了一生，居住在北京的外国人称他为"中国莫理循"或"中国通莫理循"。

那时嘉峪关关城内的房子全都破烂不堪，很少有人拍摄它。尽管 1907 年 7 月某日晚上斯坦因出席了地方官在衙门里为他举行的宴会，他也没有拍摄城内的房子。斯坦因笔下的嘉峪关城是个"破败得令人伤心的小镇"，城内房舍的破败与城墙、城楼的雄伟壮丽对照鲜明。对于这个"小镇"内的景象，1908 年 8 月在城内"义兴旅社"下榻的威廉·盖洛也不屑一顾。

莫理循的照片是 1910 年冬季拍摄的，从南向北把柔远楼、嘉峪关城门以及城墙以内的景象收入画面。当时莫理循正在从中国河南到俄罗斯的旅途中。这是他一生中最后一次进行跨大洲旅行。早在青年时代，莫理循就在澳大利亚完成了一次将近 1000 公里的漂流探险。在完成苏格兰爱丁堡大学的学业并获得博士学位之前，他进行过两次总计 4000 公里的长途旅行。

莫理循 1894 年来到中国，他在上海登船沿长江逆流而上，直达重庆。随后步行去了缅甸。1895 年，他出版了《一个澳大利亚人在中国》（*An Australian in China*）一书，之后被伦敦《泰晤士报》聘为驻北京记者。1900 年义和团暴乱期间他受了轻伤，报界却以讹传讹，说他死掉了，为此《泰晤士报》曾在显要的位置刊登了讣告。据说他在读这份讣告时异常开心。莫理循在北京购置的第一处住宅位于使馆区，义和团暴乱期间被焚毁。然而莫理循有先见之明，动乱爆发前就把多年积累的图书资料转移到了肃亲王府。1902 年，他住在王府井，并在那里再次安家。在新家，他继续建设他那具有传奇色彩的中国资料库。也是在新家，他的三个儿子先后出生。莫理循声名显赫，其家亦然，王府井一带竟被在北

两个威廉与长城的故事

嘉峪关关城内,莫理循摄于1910年

京的外国人称为"莫理循大街"。他把新闻报道工作捡了起来,作为记者,他目睹清朝被推翻。他站在推翻清朝的民国革命者一边,因此在他于1912年辞去《泰晤士报》驻北京记者职务之后,便被民国政府聘为政治事务顾问。作为当时政府的政治事务顾问,他参与了1919年巴黎和会中国代表团的工作。他是个典型的冒险家,因此北京学界、外交界、宗教界有不少人并不喜欢他,认为他写的东西不准确,且充满偏见。

嘉峪关关城内，威廉·林赛摄于2007年

第四章 百年回望，重摄长城

重摄嘉峪关时，我发现嘉峪关城的变化主要表现在两个方面：老城已经面目全非；此外，老照片上的城门右首高大的棚架不见了。这个棚架的用途至今是个谜，对此困惑不解的专家们不断询问它叫什么、是做什么用的。

嘉峪关城楼与"天下雄关"石碑

1908年盖洛拍摄的这幅照片十分珍贵,它让我们看到了当时嘉峪关城门的近景。从照片上看,城楼的门窗似乎年久失修,然而到了20世纪30年代,整座城楼遭遇了灭顶之灾。

盖洛穿过城楼下面的牌坊,拍摄了这座三层高的城楼。他写道:"在我这个疲惫不堪的旅行者眼中,这城楼非常美丽。过去几个星期中,我不得不在景色单调的茫茫沙漠中持续跋涉。"大约100米以外邮路旁的戈壁滩里,一块镶嵌在砖墙上的石碑引起了他的注意。他写道:"此刻尘暴突起,四周混沌一片,尽管如此,我们立即过去把碑文抄下来,并且试图予以解读。"

石碑上刻着"天下雄关"四个字,其他字迹是路人刻在碑上的留言,他们中有商人、朝圣者,甚至还有土匪。留言中有一首诗(也许从盖洛的老照片上能看见,大体位置是第二个汉字的左下方或右下方),大意是:这古老的关隘是分界线,一边是鲜花怒放,一边是荆棘遍地;无论是春天的温暖还是秋天的肃杀都要到达这蛮荒之地;在我享受和平的时候,但愿这关口像泰山那样坚不可摧。

重访嘉峪关,这时它的城楼已在1984年重建。为了防止现在的人们涂鸦,石碑被挪到城里——不过要说明,现代社会人们的涂鸦,就文采而言,怕是比古人差远了。

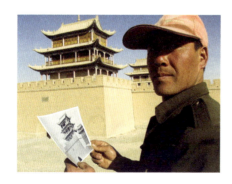

嘉峪关旁,正在等待游客的拉骆驼者问道:"这张照片是多少年前拍摄的?"

嘉峪关关城，威廉·盖洛摄于1908年

嘉峪关关城，威廉·林赛摄于2004年

两个威廉与长城的故事

"天下雄关"石碑,威廉·盖洛摄于1908年

第四章 百年回望，重摄长城

"天下雄关"石碑，威廉·林赛摄于2004年

嘉峪关西门外的石碑（复制），威廉·林赛摄

嘉峪关东门

  这些显示嘉峪关东门内外景的照片，都是盖洛于1908年拍摄的。东门位于嘉峪关外城墙的东部。古时候，这是西去旅客进城必须经过的第一座城门，也是进入该城防御体系的唯一通道。

  这里修建了一个巨大的建筑物，因此我们无法找到盖洛当年拍摄东门的确切地点。然而，我们发现东门正前方的影壁不见了。在大门正前修建影壁是为了挡鬼——旧时的中国人相信，鬼魂只走直路，不会拐弯。原先是影壁的地方现在挂了一个小牌子，说明这里已被联合国教科文组织确定为世界文化遗产。再仔细看，远处夯土墩台右下方的五座正方形烟墩也不见了。这墩台右边的墙就是"暗壁"。

  与老照片对比，我们发现东门内多出了一些既不是现代也不是古代的实用建筑物。我们在一个寒冷的早晨重摄时，正好有一小队解放军士兵来这里参观。这城门以及通往城门的路现在是游客进城的主要通道。

第四章 百年回望，重摄长城

嘉峪关东门外景，威廉·盖洛摄于1908年

嘉峪关东门外景，威廉·林赛摄于2004年

两个威廉与长城的故事

嘉峪关东门内景，威廉·盖洛摄于1908年

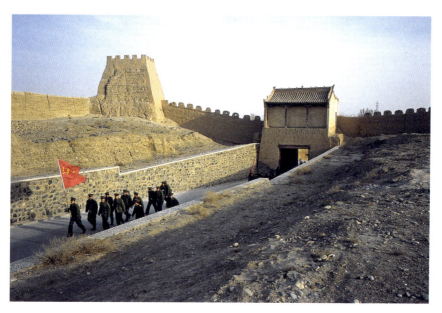

嘉峪关东门内景，威廉·林赛摄于2004年

山丹水泥厂东南的夯土长城

从这幅1987年拍摄的照片上,我们看到从山丹水泥厂到长城口的戈壁滩上有一段夯土长城。而现在,这段长城已经被道路切断。

山丹县位于河西走廊腹地,这里有一段保存最为完好的明代夯土长城。山丹县的明长城原先有90公里,保存至今的有80公里,几乎是连续不断地从山丹县城蜿蜒至老君镇,成为当地一个引人注目的景观。这里的长城平均高出平地4米,一些保存较好的长城建筑物高达七八米。

重访此地,我们发现农民在紧靠长城地方新开了耕地,并且在它上面种植小

在山丹县,大段大段的长城正在遭到地面积水的侵蚀,形势非常严峻。威廉·林赛摄于2005年

麦。这些耕地,主要分布在边远、荒无人烟的地方。有这样一种肤浅的认识:开地种庄稼不仅能使农民得到实惠,而且间接保护了长城,使之免遭风沙和流沙的侵害。然而,经过调查,人们发现事实并非如此。要想在荒地上种庄稼,就要从别的地方运土造地,从而使新造土地有足够的肥力。为了确保灌溉,人们还得打井并抽取地下水。盛夏时节,我们再次考察了这个地方,发现在紧靠长城的地方不少农田涝了,有些地块甚至出现了积水。来自农田的灌溉用水不仅浸透了长城下面的土地,而且打湿了长城的下半部,这对长城的整体稳固性构成了威胁。

甘肃山丹的夯土长城,威廉·林赛摄于1987年

此外，种庄稼还改变了当地的生态环境。它吸引老鼠前来"安家落户"。由于食物丰盛，这些啮齿动物得以加快繁衍后代，它们不仅在农田里打洞，而且破坏本已脆弱的长城墙体。这一切，进一步破坏了长城的稳固性。

在试图找到别的办法帮助农民脱贫的同时，山丹长城博物馆馆长韩建成对长城保护工作中遇到的种种难题感到沮丧。他说："这么着浸泡下去，用不了几年长城就得全部崩塌。"

甘肃山丹的夯土长城，威廉·林赛摄于2005年

穿过山丹长城的312国道

新河驿长城口在甘肃省山丹县城以南20公里处。人们无须凭借几十年或近百年前拍摄的老照片来判断它的价值。这里发生的变化实在太快、太大，因此最近一二十年我拍摄的照片（其中最"老"的照片是1987年4月拍摄的），就足以说明问题了。

十八年前我拍摄过312国道。十八年后，我发现这条六车道的高速公路把这里的夯土长城撕开了一个大口子。公路两旁有不少为过往司机服务的饭店、旅馆。公路上的卡车几乎无不超载，日复一日地在长城近处隆隆奔驰，所产生的震

穿过山丹长城的312国道，威廉·林赛摄于1987年

动动摇了脆弱的长城基础。必须说明,就在这条公路两旁,耸立着山丹县境内几座最高的长城墩台。

312国道东起兰州,西至乌鲁木齐。为了落实中央政府开发大西北的决策,使相对落后的中国腹地与相对繁荣的东部地区同步发展,这条公路正在向西延长,其中一段新路将在嘉峪关与长城相交。幸运的是这段路将从长城下面挖隧道穿过,而不是横穿长城。

穿过山丹长城的312国道,威廉·林赛摄于2005年

甘肃山丹长城鸟瞰图，杰米·林赛和汤米·林赛航拍于2016年

三、陕北地区

我在陕北重摄的长城建筑物，主要分布在黄河河套地区的鄂尔多斯沙漠南缘，这里是明长城的核心部分。我重摄的长城从西向东穿过十一个省区，陕西是其中的第三个。如果把渤海的老龙头比作这条长龙的头部，那么甘肃境内的嘉峪关便是龙尾，如此说来，陕西境内的长城便是这长龙的心脏了。

早期修建的长城防御体系，包括长城以南地区纵横的沟壑。这些沟壑不仅构成了当时人们的心理边界，而且在每年一定的时候还会发挥阻滞来犯之敌的作用。公元前300年建造的赵长城位于黄河以北，秦朝统一中国后被纳入秦长城体系。秦长城建造于公元前214年前后。河套地区北部、秦长城以南，是广袤的毛乌素沙漠。

毛乌素沙漠一半是戈壁滩，一半是沙丘林立的沙海。穿过这片不毛之地就是可供耕作的土地。从地理学角度看，鄂尔多斯沙漠是中国北方广大荒原地带的延

陕西省安边县附近的五里墩（李少白提供）

第四章 百年回望，重摄长城

英国自然主义者兼插图画家阿瑟·索尔比1908年创作的水彩画《棕色的长蛇和长着蟾蜍头的蜥蜴》，画上远处有长城烽火台

伸，它把中国北部边疆地区一分为二。为了牢固地控制边境地区，古时候的中国人认为必须在农耕、游牧地区的自然边界之外建立"前置防御体系"，即前哨军事基地。中国历朝历代统治者都鼓励人们到这里落户，但是响应的人不多——在这里种地的确困难，还得提防游牧民族侵扰。

然而，在明朝，这种观念发生了变化，人们开始在鄂尔多斯以南而不是以北修建长城。明朝实行所谓"以夷制夷"的政策，游牧民族在贸易中享受优惠，他们因此向中央政府靠拢。此时，这些游牧民族成了河套以南荒原地带的主要居民。出于战略需要，明朝政府开始在今天陕西省北部地区修建土长城，由此逐渐形成了与原有长城并立的另一个边防体系。这个地区的指挥部门离边界很近，设在土长城以南的延安与绥德之间。为了确保边境安宁，当时修了两道土长城。这就是说，那个时候的陕西境内的1000公里长城，主要是明长城。从建筑材料看，这部分长城算是"复合型建筑物"。中国西部的长城主要是夯土长城，东部地区的长城主要是砖石结构，而中部长城则两者兼而有之——长城的墙体是夯土，而烽火台等设施则用石块和砖包成。

1907年，威廉·盖洛考察了鄂尔多斯沙漠中的长城，并且拍摄了为数不多的照片。然而，他拍摄过的地点如今却无法找到。幸运的是我们找到了1908年冬季罗伯特·斯特林·克拉克（Robert Sterling Clark）和阿瑟·索尔比（Arthur Sowerby）拍摄的地方，并在那里成功地进行了重摄。1914年，美国地质学家弗雷德里克·克拉普路过陕西时也拍摄了那里的长城。克拉普拍摄的地点，也被我们找到了。

陕西榆林镇北台

镇北台是明长城沿线最大的烽火台。这幅精美的镇北台水彩画是索尔比1908年创作的，展示当年镇北台形象的作品，只有这一幅留存下来。

镇北台是明长城防御体系的一部分，但是它的作用与明长城沿线那些较小的敌台有区别。较小的敌台主要用于传递军事信息，而镇北台则不同，它主要用于保卫每年都要举行的"茶马交易"。"茶马交易"始于万历后期——为了安抚居住在鄂尔多斯的游牧民族，朝廷允许他们开展边境贸易。

镇北台是万历三十五年（1607）按照延绥守备的命令建设的，从开工到建成用了三个月时间。我到这里重摄的时候，发现镇北台已经修缮。据时任榆林县文化委员会主任的康兰英女士介绍，20世纪90年代后期，镇北台由当地一位富有的房地产开发商出资修缮。她说，早在20世纪初期，镇北台的墙砖就开始剥落了，这在索尔比创作的展示镇北台内部和夯土长城的水彩画上有所表现。国家文物局和陕西省文物局多次拨款对镇北台进行"抢救性维修"。这次大规模修缮的方案，是陕西省文物局组织专家反复实地考察才确定的，其间他们走访对地方史有研究的老者和其他知情者，收集了有关资料，并对收集的信息进行了严密的考证，考察成果经过了省市文物管理部门验收。2002年底前康兰英主持榆林县文管会工作，因此见证了镇北台的维修工程。

两个威廉与长城的故事

陕西榆林镇北台,英国插图画家索尔比画于1908年

陕西榆林镇北台,威廉·林赛摄于2005年

陕西神木县高家堡镇"玄路塔"

寻找"玄路塔",好比中国人说的"大海捞针"。明知找到的希望不大,我们还得努力寻找。如果找不到,长城心脏部位的重摄就会缺失一大块。

这里所说的"大海",指的是茫茫无际的鄂尔多斯沙海。曾经在1914年穿过这片沙漠的美国地质学家弗雷德里克·克拉普,自称是"在这些尘土飞扬的路上旅行的第一个现代外国人"。

按照通常的工作方式,我们走进村庄,找老年人打听。

"美国人拍的?"一位60岁的老教师问道,"近一百年前拍的?"我们要找

2005年7月,李生程带领我们寻找老照片拍摄的地方

村里的老人为我们指路

陕西神木县高家堡镇的"玄路塔",克拉普摄于1914年

陕西神木县高家堡镇的"玄路塔",威廉·林赛摄于2005年

第四章 百年回望,重摄长城

的地方他也不清楚："说不准在哪儿，……没准儿早就没了。等等，也许就在附近……去瞧瞧再说吧，大老远来的，不瞧瞧也可惜。"

一连三天，我时而在尘土飞扬的路上跋涉，时而登上山丘，时而走进村庄，问了不知多少人都没有结果。有一次坐着摇摇晃晃的牛车过河，差点儿连同两台贵重的相机（奥林巴斯和莱卡）、十多个胶卷一道被甩到河水里。

看来没有希望了，我打算空手返回北京。就在这个时候，遇到了陕北人李生程。李生程出生在长城脚下的安边，1992年，他步行108天考察了全部陕西长城，从府谷到盐池走了整整900公里，考察了沿途1115处长城烽火台遗址，每一处他都拍照、编号。他对我说："让我们查查看。"几天后，他打来电话说："玄路塔是94号。"

于是我和李生程一道赶到玄路塔所在的神木县高家堡镇。然而，到了那里我们还得耐心等待。时值7月，天气潮湿，天空老是阴沉沉的，得等到云开雾散才能拍照。

新照片显示，老照片上的玄路塔已经崩塌，老照片上的前景现在修了一条路。不过新老照片上都有天边的两座烽火台，证明玄路塔就是这个地方。

被风沙侵蚀的榆林长城

重摄这张照片的经历让我记忆犹新。第一次重摄的时候，我有 99% 的把握肯定这里就是老照片拍摄的地方。这里的一切都与老照片的画面相符——背景、长城蜿蜒的路线、残留的烽火台，还有前景中的那座大烽火台，所有这一切，都与眼前所见相符。然而，有一点无法解释：右面最近的敌楼下面有独立的砖石结构。我对此无法做出可信的解释，问了不少专家，他们也是茫然。

两个月后，我接到李生程的电话，说我找错了地方，还说他知道 1908 年克拉克和索尔比考察陕北长城期间在哪里拍摄了这幅照片。这让我感到惊异：两个人可以长得一模一样，难道长城也能"孪生"？长城的"孪生"现象，表明长城规模巨大，建筑风格虽然多种多样，像人那样，有时会有一模一样的两段长城。不过，李生程所说的那个地方是不是老照片拍摄的地方呢？按照他的指引，我来到这个地方，重摄了一张新照片。

仔细审视老照片的背景，我们发现被风吹来的黄沙堆积在第二、第三座烽火台之间，右面的黄土高原像是被刀切割过。第一座烽火台左边是一条又深又长的山沟，在摄影师和第二座烽火台之间还有一条沟。老照片上的这些地形特征，与新照片的画面完全相符。

这三座烽火台损毁严重，内墙砖已脱落，然而它们的相对位置以及第一座烽火台旁的围墙并没有变化，与老照片的画面相符。老照片是在 11 月拍摄的，而新照片拍摄于 10 月，因此新照片上的植被比老照片茂密。新照片上有一条土路横穿画面，好几个地方能看见输电线和电线杆。

被风沙侵蚀的榆林长城,克拉克摄于1908年

被风沙侵蚀的榆林长城，威廉·林赛摄于2005年，地点不正确

被风沙侵蚀的榆林长城，李生程摄于2006年

榆林北面的两座烽火台

这幅老照片也是克拉克和索尔比在考察陕北长城期间拍摄的,画面上有两座长城烽火台,周围是沙丘和灌木丛。第一座烽火台旁有个牵马的人。这座烽火台的边角有破损,可能是底部遭风蚀造成的。由于风蚀,烽火台的基石已经崩塌,墙面砖也已经剥落。

我们在搜寻老照片拍摄地点时发现了这个地方,认为老照片可能是在这里拍摄的。这里距前一个拍摄地点仅仅2公里,从给养供应的角度说,它可能在

榆林北面的两座烽火台,克拉克摄于1908年

早期长城探险者走过的路上。如果老照片是在这里拍的,那么我们能看到在新照片上,老照片上的第一座敌楼已经崩塌,只剩下了基础,剩下的墩台成了向第二座敌楼前进的路标,第二座敌楼泥抹的内壁仍在。老照片中的敌楼看上去窄些、高些,而重摄照片上的敌楼矮些、宽些;这可能是由于敌楼顶部长期遭风吹雨打有所破损,导致敌楼整体有所改观。另外,老照片上那个牵马人的右面正对镜头的地方相对平坦。出现在新照片前景中的这块地面如今长了一些低矮的树。

榆林北面的两座烽火台,李生程摄于2006年

边墙的烽火台——十八墩

老照片拍摄于1914年,出自弗雷德里克·克拉普之手,原说明是"边墙的烽火台"。这段长城,构成了内蒙古与陕西省的分界线。这幅照片是在榆林府附近的长乐堡拍摄的。随着鄂尔多斯沙漠的不断扩展,它正面临着被掩埋的命运。

仔细看,我们能发现画面上有八座烽火台,大约每隔100米就有一座,它们排成长长一串,消失在尘土飞扬、阴沉沉的天际。此处沙丘林立,九十年来天

边墙的烽火台——十八墩,克拉普摄于1914年

天风沙吹打,使老照片拍摄地点难以确认。幸亏老照片有详细的说明,无论准确与否,都让我们感到应当有一条通往这个地方的捷径。李生程坚信老照片是在长乐堡拍摄的,更准确地说是在长乐堡城墙上或城墙边拍摄的。于是我们立即驱车去了40公里以外的长乐堡。

我们向着长乐堡残存的城墙进发,发现周围景观的轮廓与老照片相符。植被的变化改变了这里的地形。"边墙"的原貌大体仍在,但是八座烽火台如今只剩下两座,即第二座和第六或第七座。

边墙的烽火台——十八墩,威廉·林赛摄于2005年

河北省涞源县境内的这段长城上的敌楼保存完好,没有遭到战争的破坏

四、涞源地区

河北省涞源县位于北京西南大约 150 公里处,我在涞源重摄的长城在长城环线南面构成了一个弧形,是为了给北京提供双重防卫而修建的内长城。这里的长城修建在把河北、山西从南向北隔开的太行山上。阻滞敌人从防守薄弱的山西高原北部侵入华北平原,进而威胁中国首都——这就是设计此处长城路线时遵循的战略思想。

涞源县境内的长城,在紫荆关以西。1209 年,成吉思汗麾下的骑兵发起了征服华北的战争,紫荆关一带是必争的战略要地。战争进行了整整七十年,直到成吉思汗的孙子忽必烈在 1279 年推翻了南宋。

为了防止历史重演,明朝在修建外长城之后开始大规模地修建内长城。涞源县长城的建筑质量参差不齐，有些地方的长城是用石头垒起来的，其中有些石头未经打凿，总的来说，建筑质量较低。但是敌楼的建筑质量相当高。这些敌楼沿长城分布，彼此呼应，为夺取战争胜利创造了有利条件。

然而，涞源一带经历的战争并不是发生在明朝，而是在20世纪30年代后期。日本军队占领中国东北后南侵，企图攻占北京。1937年国共合作以后的八路军在太行山的长城上奋起抵抗。在这样的历史背景下，八路军战地摄影记者沙飞被派往涞源拍摄战友们的作战行动。比沙飞还早三十年的威廉·盖洛曾经路过涞源，并且在涞源拍摄了不少照片，可惜现在能找到的不多。沙飞和威廉·盖洛的照片，为我们留下了独一无二的图像资料，使我们能够看到当年河北群山中万里长城的雄姿。

两个威廉与长城的故事

涞源县一处战略地位相对次要的长城,威廉·林赛摄

在涞源县一座敌楼顶层发现的凤凰形守护神像,威廉·林赛摄

沙飞像（1937年）

建筑质量较低的长城墙体用打磨粗糙的石块砌就,灰浆或泥浆灌缝。威廉·林赛摄

第四章 百年回望,重摄长城

插箭岭城门

1937年秋季,沙飞拍摄了这幅插箭岭照片,照片的说明是"夺取插箭岭战斗胜利的我军向前推进"。从画面上,我们看到正在行军的八路军部队穿过插箭岭村。插箭岭村位于涞源县南面长城脚下,在这个地方,长城从山谷两端陡然跃起。八路军战士身穿棉上衣,足蹬帆布鞋,背着背包和草帽。照片的聚焦点是一座保存相当完好的长城敌楼,其拱门、箭窗以及顶部的工事等均清晰可见。从画面上方蜿蜒向下的长城(现代建筑物的上面)却遭到了严重破坏,很可能是村民为获取现成的建筑材料把它拆了。

我到这里重摄,发现敌楼已被平毁,只剩下拱门。左边紧靠敌楼、绿色棚屋

插箭岭城门,沙飞摄于1937年

的后面，我看到几乎完全用长城砖砌就的长城内墙。受自然力的破坏，附近长城建筑物已经崩塌，如今成了一堆废墟。

残留的拱门，成了这漫长岁月中长城遭到摧残的物证。其花岗岩石块上仍能见到当年用红颜料书写的祝福毛主席万寿无疆的标语。拱门下的遮阴处，是村里的一个屠户卖猪肉的摊位。

插箭岭城门，威廉·林赛摄于2005年

插箭岭八路军指挥部

老照片是沙飞1937年拍摄的,图片说明写的是"插箭岭八路军指挥部"。画面上有六名八路军战士,其中四名站立(右下角有一人),两名俯卧,面向山上有四座敌楼的长城。左数第二人,也就是最高大的那个人左手拿着望远镜,看来是指挥员。他和五名手持步枪或毛瑟枪的战士目光警惕,随时准备投入战斗。

插箭岭八路军指挥部,沙飞摄于1937年

关于这座敌楼的遭遇,当地流传着两种不同的说法。有人说是八路军自己把它破坏掉了。八路军曾经用过这座敌楼,后来奉命撤离,为了不让敌人使用,便把这座敌楼破坏了。还有村民说这座敌楼是日本人破坏的,可能是日本人自己动手干的,也可能是强迫老百姓把它破坏掉的。

昔日插箭岭八路军指挥部所在地,威廉·林赛摄于2005年

三座敌楼

这又是一幅沙飞拍摄于1937年的老照片。它不仅再现了这座长城建筑物的雄姿,而且与沙飞的其他作品相比,更能显示作者高超的摄影技术和艺术品位。这幅照片曝光精确,光线明暗处理完美无缺,角度的选取和失真控制无可挑剔。还要说明,这幅照片本身就有许多有趣之处。

画面左边的那座巨大的敌楼近乎完美地保存下来。由于曝光准确,我们能看

三座敌楼,沙飞摄于1937年

到长城基石上的苔藓，甚至能区分向阳、背阴两面墙的砖。长城在画面中心位置拐了一个弯，接着爬上山。长城外侧的城堞依然完好，长城上芳草萋萋，九名战士（中国人认为"九"是个吉利的数字）排成单行在行军。顺着战士们前进的方向往上看，我们能看到山顶上有两座敌楼凸显在天际。

　　重访此地，我发现只有长城的墙体尚未彻底破坏，三座敌楼中已有两座不见踪影，只有山巅上的那座残留了一部分。变化实在太大了，要不是长城拐的那个弯，找到这个地方都是极端困难的。

三座敌楼，威廉·林赛摄于2005年

杨家庄战斗中的八路军战士

这幅老照片是沙飞1938年春拍摄的,画面是浮图峪以南、杨家庄以西的长城。在沙飞拍摄的反映八路军作战的照片中,数这一幅最有名,曾经无数次被用在宣传革命的招贴画中。抗日战争胜利五十周年纪念邮票也用了这幅历史照片。

在杨家庄战斗中的八路军战士,沙飞摄于1938年

画面上有三名士兵或身体前倾，或卧在地上，正在用机枪和毛瑟枪向敌人开火。背景是蜿蜒向上的长城，长城上耸立着两座保存完好的敌楼。画面上的整段长城都没有城堞。

重摄此地，我发现长城变化不大：两座敌楼依然雄伟，但是它们的上层遭到了某些破坏，因此敌楼内的拱结构开始受到影响。

在杨家庄战斗中的八路军战士曾战斗过的地方，威廉·林赛摄于2005年

欢呼楼

1938年春,沙飞拍摄了这幅《八路军欢呼浮图峪战斗胜利》的照片。画面上有两组共约30名八路军士兵在高举枪支欢呼胜利,八路军的旗帜在敌楼上高高飘扬。

从画面上看,这座敌楼从门的上方到顶部裂了一个3米长的大口子。门上面凹下去的地方过去有写明敌楼编号或名字的匾。沙飞拍摄照片的时候,这匾已被拆除。

重访此地,我发现整座敌楼已经崩塌,剩下的只有外墙下面的部分,还有一面内墙和残存的门窗。当年八路军战士欢呼胜利的地方,如今成了一堆残垣断壁。敌楼的后面出现了两座新建的输电塔。

"欢呼楼",沙飞摄于1938年

第四章 百年回望，重摄长城

"欢呼楼"，威廉·林赛摄于2005年

壮美的长城关隘

　　这幅老照片是 1908 年威廉·盖洛从北京去五台山的路上拍摄的。五台山在山西北部，是中国佛教五大名山之一。威廉·盖洛十分欣赏这段长城，他说它是"无比壮美的万历皇帝长城"。此地景色使他着迷，因此他特地把这幅照片用作《中国长城》一书精装版的压花封面。该书限量发行，其中一部分被威廉·盖洛赠送给友人。他说，"壮美的长城关隘"美不胜收，无论是照片还是自己的描述都无

壮美的长城关隘，威廉·盖洛摄于1908年

法形容它的全部。

他不无遗憾地写道:"让我们着迷的不仅有这静止的风景,还有迅疾变幻的云影和光线。太阳穿过云层照射群山,此时此刻,蜿蜒的长城像是彩链,座座敌楼像是这彩链上的珍珠。此景之美,言辞难以形容,我们只用一个小时的短暂时间拍摄的这仙境,当然无法充分表现它不断变幻的壮美。"

新的照片显示,威廉·盖洛走后,"壮美的长城关隘"发生了不那么"壮美"的变化。如果把这段长城比作王冠的话,那么这"王冠"上的"珍珠"现在全都不见了,只留下了基础。威廉·盖洛走后三十年,沙飞重摄了这段长城。对比两幅照片,我们不难看出为什么前后两位摄影艺术家选取了同一个画面。

壮美的长城关隘,威廉·林赛摄于2005年

插箭岭上的几棵松树

　　这幅老照片是威廉·盖洛1908年拍摄的,距离前一幅照片的拍摄地点仅40米,取自路德·牛顿·海斯拥有的一张大银幕幻灯片。这是一幅难得的明长城近景照片,从画面看,这里的长城用打凿粗糙的石块建成,插箭岭村卧在

插箭岭上的几棵松树,威廉·盖洛摄于1908年

山谷中。

画面上的长城有用石头建造的城堞,主要分布在左边猛然向下的那段长城上。被围墙包围的插箭岭村位于照片背景上几棵松树的右边。山谷上方的天际,我们能清楚地看到三座敌楼。

重摄此地,我发现老照片前景中长城的城堞已经崩塌,山坡上向下的那段长城如今不见踪影。松树已被砍伐,敌楼都已平毁。

插箭岭上的几棵松树,威廉·林赛摄于2005年

插箭岭村

这幅老照片是威廉·盖洛在1908年拍摄的,那时插箭岭村周围山上有许多保存完好的敌楼。老照片上的插箭岭村是以群山为背景拍摄的,我们能在画面上看到高处、低处分别有两座看来几乎完好无损的敌楼。插箭岭村的一个寨门占据了画面上几乎正中的位置,这寨门看来也是完好无损。

2008年早春的一个早晨,我让村民看这幅老照片——他们中有打扑克的老人,也有抱着孩子晒太阳的妇女。没过多久,人们就聚拢过来,不仅就拍摄地点展开了争论,甚至质疑它的真假。

照片的确是威廉·盖洛拍摄的,不过他把原作给了路德·牛顿·海斯,后者

在插箭岭村,威廉向当地村民求证当年威廉·盖洛的"拍摄机位",朴铁军摄于2008年

把照片制作成幻灯片，并请上海的一位画家着了色。一位大约 70 岁的村民反复强调说这照片是"假"的。我问他凭什么说这照片是假的。我告诉他，早在 19 世纪 70 年代，就已经有人拍摄长城，而这一幅是 1908 年"才"拍摄的。

这位老人用权威的口气声称："这照片肯定是假的。一百年前不可能有彩照，现在用电脑就能上色。照片上的山可能真有，但山上的建筑物不是真的。眼下照片造假的现象到处都有。"

为了节省时间，我向大家申明了来意："这幅插箭岭村老照片是 1908 年拍摄的，离现在整整百年了。我想请大伙儿帮忙，领我去拍摄这幅照片的那个地方，我要在那里重新拍摄。"

大伙儿神情专注地听我说话，随后开始研究照片背景中的建筑物是什么。我发表了自己的看法：老照片画面上的院子前面不仅有大树，还有旗杆，因此我判断它应当是庙宇。我问道："谁能带我去那里？""哎呀，"一位村民喊了出来，"过去这儿有 72 座庙哪！"我明白，"8"和"9"吉利，"72"既是 8 的倍数，又是 9 的倍数，此处"72 座庙"的说法可能只是为了图吉利，不一定真有那么多庙。另一个村民说这是戏台，马上就有人接茬儿说："不是戏台，是衙门。"

乌云开始在空中聚集，不能这样没完没了地辩论下去了。我对大家说："农民朋友们，马上就该吃午饭了，我得赶紧去这老照片拍摄的地方。谁愿花费 5 分钟时间带我去？"

说老照片是假的的那位老人说："根本没法儿找！什么都没了！"他是说老照片上的建筑物现在都没了。"敌楼没了，衙门也没了！"我再次说明我的来意："是的，真可惜，许多东西没了。我来晚了，许多东西拍不上了。但是我要做的是搞清楚哪些东西没了，为什么没了，这样人们就能知道长城变了。"于是人们陪我去，其实只用 2 分钟就走到了村口。在那里，我清楚地看到老照片上的哪些东西没了。我的农民朋友们也终于承认，老照片画面上的这些建筑物过去的确存在过。

两个威廉与长城的故事

插箭岭村，威廉·盖洛摄于1908年

插箭岭村,威廉·林赛摄于2008年

第四章 百年回望,重摄长城

威廉·盖洛的骡队在唐子沟

这幅老照片是威廉·盖洛1908年拍摄的，画面上有四头骡子在唐子沟附近一条小河旁休息——这些可能是为威廉·盖洛驮辎重的牲口。唐子沟村在长城脚下的一条峡谷中，在北京至五台山的老路以外大约20公里。画面上还有三座敌楼，像是欢迎威廉·盖洛一行在长城的怀抱中旅行。

重访此地，我发现近百年后的今天，这三座敌楼几乎保持了原样，不过它们的上层有些崩塌。河对面新铺了一条碎石路，一座单拱桥把两岸连接起来。

威廉·盖洛的骡队在唐子沟，威廉·盖洛摄于1908年

威廉·盖洛的骡队曾经待过的唐子沟，威廉·林赛摄于2006年

唐子沟敌楼

威廉·盖洛一行在三座敌楼注视下来到唐子沟长城,右面远处的那座敌楼引起了他的兴趣。于是他立即登上山峰进行考察,并拍摄了两幅照片。这里展示的是两幅照片中较好的那一幅。这幅照片是初冬某天接近傍晚的时候拍摄的,不仅构图完整,而且恰到好处地利用了阳光。以后这幅照片被制作成幻灯片。为幻灯片着色的画家却把山上的草涂成绿色,使画面看上去像是春天,而照片拍摄时已经是草木枯黄的初冬。

1644年作为边防工事的长城被废弃。在它被威廉·盖洛找到的时候,这座敌楼几乎像二百六十四年前那样完好。墙体上的花岗岩石块上有一条弯弯曲曲的裂纹,除此以外,敌楼的一切全部完好。从底层到楼顶、从敌楼内部到外面的路

唐子沟敌楼,威廉·盖洛摄于1908年

莫不如此，箭窗也保留着原样，门廊上的那块小石碑仍在。

重摄时，我发现整座敌楼仍然屹立，不过墙面有少许变形。墙上的那条缝宽了一些，并且向高处延长，进入墙体砖砌部分，这就使左面的箭窗遭到破坏，窗子上出现了一条细缝，穿过墙体砖砌部分延伸到楼顶。敌楼上层的城垛已经垮塌，楼上那条滴水檐沟也已脱落。那个标明敌楼编号的石碑被人挖了下来。两个门廊都被砖头堵上——显然，敌楼被牧人改造成了羊圈。

重摄时，我还发现天际线上那座高大的敌楼现状极好，包括上层的城垛。此地长城的墙体用石头修建，但敌楼之类的长城建筑物却是砖结构。我不由得想到，唐子沟一带的农民很可能把居高临下的敌楼当成了建筑用砖的免费供应站。

唐子沟敌楼，威廉·林赛摄于2008年

铜碌崖茨字号敌楼

这幅老照片是威廉·盖洛1908年11月拍摄的铜碌崖茨字号敌楼，已经深入山西灵丘县太行山腹地，与涞源长城西段相接。与一般长城敌楼不同的是，这些敌楼独立散落在人迹罕至的偏远山沟里，即使在现代也不为人熟知。真不知道盖洛当年是如何知晓的。

在2008年，我对盖洛美国故居的拜访以及同年在北京举办的"万里长城 百年回望"长城考察文物展，极大提高了各方对盖洛这一重要"长城人物"的关注度。更多的盖洛老照片拍摄地被不断确认。河北涞源长城是盖洛考察的最后段落，也是明长城之中的佼佼者。

在盖洛著作和幻灯片中留下了很多该地区长城建筑的身影。遗憾的是，除了

铜碌崖茨字号敌楼，威廉·盖洛摄于1908年11月

唐子沟乌字号段的长城外,其余均已严重损毁。盖洛的照片甚至是很多长城建筑的唯一存世影像。因此,就在老照片中仅存的乌字号敌楼下的小村落,一群长城爱好者与当地长城保护员李勇合作,将他的居所改建为"长城乌字号保护站"及文物陈列馆。甚至将一间客房命名为"盖洛屋",里面还放着按原样仿制的盖洛使用的写字台。

时至2018年11月,距盖洛完成那场伟大旅行一百一十周年。为了纪念这个传奇人物的重要贡献,呼吁加大对现存长城的保护力度,受"长城小站"和"国际长城之友协会"的委托,部分长城爱好者进行了涞源盖洛老照片重摄活动,并在长城乌字号保护站附近盖洛当年拍照位置的石头上,嵌入了那张照片及简介。

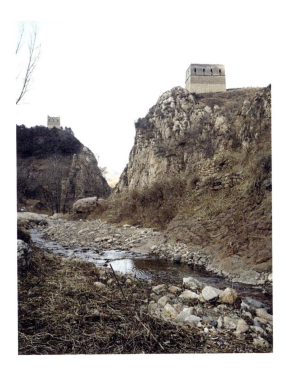

铜碌崖茨字号敌楼,李勇摄于2018年11月

唐子沟敌楼上怪兽面目的拱顶石

这新老两幅照片是相隔仅十二个月拍摄的,实际上都相当新。它们是我在寻找沙飞当年拍摄地点的过程中不经意拍下来的。地点是在浮图峪一带的长城上。

"老"照片是2004年拍摄的,画面上敌楼入口处有巨大的拱顶石,被雕刻为怪兽模样。这可能表明这座敌楼的重要性,比如说它是驻军指挥部。中国人喜欢诸如此类的怪异形象,据说它们能够辟邪。

一年之后,我再次来到这个地方,却吃惊地发现那块怪兽面目的拱顶石已经被人挖走了,盗贼的立脚石仍放在右边的门上,四周全是不久前才打碎的砖块。

唐子沟敌楼上怪兽面目的拱顶石,威廉·林赛摄于2004年

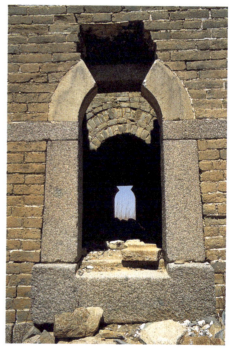

唐子沟敌楼上怪兽面目的拱顶石被挖掉了,威廉·林赛摄于2005年

北京怀柔境内的长城敌楼耸立，敌楼的拱顶石完好无损

五、北京地区

在我重新拍摄的七个地区中，数北京重摄的地方最多。北京地区的长城给所有游人留下了不可磨灭的印象，对于它的壮美，就连仅能通过阅读文字描述来了解它的人也难以忘怀。

照片上和诗文中的北京地区长城，被认为是足以与欧洲、中东地区任何文化遗址媲美的奇迹，尽管欧洲、中东地区的历史丰碑是作家、诗人描述的永恒主题，而且由于距离自己比较近，欧洲人对它们更加熟悉。然而，在过去几个世纪中，对另一边世界的长城，欧洲人的了解也在缓慢地增进。万里长城首先在地图上标出，以后又出现在图画中。现在，通过欣赏图像清晰的长城照片和旅行者对亲访长城的描写，世界上无人不知中国有一座无与伦比的古建筑物——长城。长城是我们这个星球上最长、规模最宏伟的建筑物，相形之下，其他任何人类建造的东西都显得渺小。甚至在航空和宇航出现之前,就一直流传着这样一个预言:在空中,在月球上,甚至在更遥远的太空,长城是地球上唯一能被看到并且能被整体测量的建筑物。

1927年11月,在一次晚会上,来自美国的传教士路德·牛顿·海斯向他的听众断言:"在人工建造的所有建筑物中,在火星上能用肉眼看到的唯有长城。"美国地质学家弗雷德里克·克拉普把自己考察长城的经历和感受写成文章,发表在纽约出版的《美国地理学会会刊》上。他说,他和同伴"一致认为,长城是我们看到过的最壮观的地理标志物"。亚当·沃里克对美国《国家地理》杂志的读者说:"如果要充分说明什么是不朽,什么是壮美,那么长城便是最合适的描述对象。"历史学家威廉·马丁(William Martin)说:"研究中国历史,最好登上长城。"

早期的长城探访者中,有人曾经一连几个月骑马考察长城,有人用几个星期步行考察长城,也有人只在长城上逗留几个小时,甚至只是在路过长城的时候停留几分钟随便拍几张照片。然而,无论这些老照片出自何人之手,它们定格的那些令人敬畏的瞬间将永远留存。

还可以肯定,他们全都来过南口关(这些旅行者常把八达岭误认为南口关。——作者注)。这是一条交通要道,北接寒冷的草原,南连较为温暖的华北平原;北接靠游牧为生的中国少数民族,南连早已定居、过着农耕生活的汉族。在八达岭,人们能清楚地看到长城像一条长龙沿着山脊蜿蜒前行,时而爬上山岳的顶峰,时而跌进深邃的山谷。这条"长龙"不顾艰难险阻持续向前,尽管是砖石身躯,看上去却非常灵活。

在明朝大部分时间中,北京是中国的首都。从1368年建立到1644年灭亡,明朝一直沿北部边界修建长城,终于建成了有重兵把守的长城防御体系。明朝以及以前的朝代修筑长城前后长达22个世纪。明长城的修建,乃是长城修建史的最后一章。当代地图上标出最多的是明长城。明长城不仅是防御工事体系，还是足以使人们赞叹并启发人们联想的环境艺术作品。用于修建这个防御体系的每一块石头都经过雕琢，每一块砖都是精心烧制，总之，明朝想尽一切办法防止蒙古人再次征服中原。

顺天府是明朝的北大门。顺天府，约相当今天的京津一带，是长城穿过的八个省级行政区中的一个。北京辖区内现存长城大约700公里，按人口平均，在这八个地区中北京地区的长城密度最高。

北京地区的长城路线不止一条，在这里，各长城干线形成了若干环线，环线之外有几十条岔线，甚至还有独立于环线和岔线的辅墙和敌楼。这一切，表明为了确保首都万无一失，明王朝可谓不惜一切代价。

用简单的地理术语表述，长城主线从东北方向的平谷区将军关进入北京地

配备两张弓和一个箭袋的蒙古骑兵（明代画）

区，经过司马台和金山岭，在古北口西面，长城向南蜿蜒至密云水库，随后在河防口进入怀柔区。在慕田峪西面的北京结，长城被分为南北两条线，即人们所说的内长城和外长城。外长城向西北蜿蜒进入延庆，接着进入河北。内长城向西至十三陵北面的黄花城进入居庸关，然后继续向西到达北京与河北接壤的横岭和镇边城。内长城与外长城最后在山西境内濒临黄河的偏关附近对接成一条线。

北京地区的长城全部是石头或砖石结构。全部用石头建造的长城主要分布在交通不便的高山上。这些石头是就地取材的山石，这些山石经过粗粗打磨后便用于建造平滑的墙面。开头只是用石头把墙垒起来，不用灰泥抹墙缝，以后视情况予以加固。就建筑质量而言，战略要地的长城显然十分牢固，无论这些战略要地是大还是小。

在北京地区，甚至长城全线，最重要的战略要地是八达岭。八达岭被认为是北京地区乃至整个中国的咽喉要地，因此八达岭长城的建筑标准最高。居庸关地区的长城工事纵深四层，其中最重要的是雄踞山谷顶部的八达岭和八达岭南面的居庸关。八达岭长城用巨大的花岗岩石块建成，有些石块长达 2 米，重约 1 吨；墙上是砖砌的路面和敌楼。不到 100 米远就耸立着一座敌楼，一座连着一座，排列有序，看上去像是人的脊椎。敌楼上的箭窗，像是值勤士兵瞪大的眼睛。这一切，清楚地表明了长城作为防御工事发挥的作用。是的，正是这些敌楼共同组成了长城的脊梁，如果没有用弓弩武装起来的士兵在这些敌楼中驻守，长城定然不能发挥其应有的作用。

长城建筑物，仅仅代表着长城的"硬件"，然而，战争的胜负，最终取决于它的"软件"。八达岭以南的居庸关方圆 6.5 公里，是一座城墙环围的城堡。居庸关是驻军指挥部所在地，城内有高级军官的宿舍和办公室，还有部队营房。这里的仓库里储存着当时最先进的武器，还有一座官兵常来祈祷的战神庙。

来自欧洲的早期旅行者，曾经对八达岭长城进行过广泛的拍摄。在被人们收

"北京结"或"Y段"长城,威廉·林赛摄

明代华北地图（复制件，原件已遗失，图上有名叫严依奇的人留下的附言）。地图上清楚地标出了北京和南京；相形之下，距边界咫尺之遥的新国都显然难以防守

藏或者市场上销售的长城老照片中，至少98%是在八达岭拍摄的。然而，高质量的八达岭老照片比较少见，多数照片要么在构图、曝光、尺寸等方面有缺陷，要么由于保存不善而破损。不过我发现有些人在过去拍摄过的地方"不经心"或"偶然"地进行了重摄。这类照片对我有用，因为它们显示了从19世纪60年代到20世纪40年代这八十多年中八达岭长城的变化，或者说对于长城在自然和战争双重影响下的状况，这些照片乃是不可多得的物证。

除八达岭、居庸关外，我们还搜集了少数几幅附近谷地的老长城照片。北京地区其他地方的照片，更少有人涉足。只有威廉·盖洛曾走遍北京地区的群山考察长城，并且为我们留下了慕田峪、莲花池、黄花城当年的形象。

居庸关

居庸关是离开北京后的第二组长城建筑物。尽管独立于长城主线,居庸关却是北京地区长城防御体系中的第一道防线。早期的长城旅游者都要路过居庸关,穿过这里的拱门。令人惊异的是他们中很少有人在这里拍摄照片。

从平面图上看,居庸关长城构成一条方圆6.5公里的环线。这条环线从谷地中突起,与耸立在长城两侧的座座敌楼和扼守谷地的居庸雄关构成了一道独特的风景线。过去有些摄影师喜欢拍老路经过的云台。这也难怪,云台原先是一座元朝佛塔的基础,上面有佛像浮雕,六角形走廊里的六字真言依稀可辨。

20世纪90年代早期居庸关得到重建。居庸关离八达岭不远,从20世纪50年代起它的旅游资源就被开发。

20世纪30年代初的云台,门上刻有六字真言。这幅手工着色照片的尺寸为38厘米×27.5厘米,由北京南池子大街美丽照相馆制作

居庸关长城的西南扇面

这幅老照片拍摄于1871年,拍摄者不详,画面是居庸关长城的西南扇面。照片构图精美,适于高级画册采用,表明拍摄者是一位高水平的职业摄影师。我猜想这幅老照片很可能出自约翰·汤姆森之手。

居庸关长城的西南扇面,约翰·汤姆森(尚待考证)的蛋白工艺照片,27厘米×20厘米,摄于1871年

画面右首有宏伟的居庸关城楼的底部，还有西山上的长城，因此可以断定摄影师是站在老路之外大约 20 米的地方拍摄的。重摄此地，我发现长城依然清晰，重修长城使用的建筑材料与周围重新绿化的山峰对比鲜明。

居庸关长城的西南扇面，威廉·林赛摄于2004年

居庸关长城的东南扇面

这幅老照片拍摄于 19 世纪 80 年代,拍摄者不详,画面是居庸关长城的东南扇面。看来摄影师站在离老路很近的地方按下快门,画面下方有条干河,镜头对准河对面远处东山上的长城。在长城作为边防工事使用的时候,河上应当有水门。

照片拍摄的时候,居庸关长城的状况看来不错。外长城好几个地方的防御工事完好无缺,这些工事上的城垛仍在;相对而言,内长城的工事较为低矮,箭孔也比较少——其实,这正是整个长城体系的一个重要设计特点。在此地重摄时,我发现这段长城已经重修。当年的河流,如今成了一个不大的湖,湖上有三个亭子,连接这三个亭子的栏杆清晰可见。

居庸关长城的东南扇面,蛋白工艺照片,27厘米×19厘米,摄于19世纪80年代,拍摄者不详

居庸关长城的东南扇面,威廉·林赛摄于2005年

居庸关长城的东北扇面

这幅老照片拍摄于19世纪80年代,拍摄者不详,画面是居庸关长城的东北扇面。照片的前景显示长城从干枯的河边向上蜿蜒至东山。在此地重摄时,我发现这段长城也已经重修,包括老照片右下方被树木遮挡的那座敌楼。我重摄的照片显示长城在山脊上分了岔,一条向右与居庸关城墙连接,左边山脊上的墙是居庸关长城的分支。

第四章 百年回望，重摄长城

居庸关长城的东北扇面，蛋白工艺照片，24厘米×19厘米，摄于19世纪80年代，拍摄者不详

居庸关长城的东北扇面，威廉·林赛摄于2005年

居庸关长城的西北扇面

这幅老照片是亚当·沃里克拍摄的。应美国地理学会之约,他为美国《国家地理》杂志写了一篇关于中国万里长城的文章,并配发了这幅照片。文章发表在美国《国家地理》杂志1923年2月号上,由此可以推断,照片拍摄于1922年。

亚当·沃里克从东山北坡拍摄了这幅照片,更准确地说,他的拍摄位置在老路以东大约200米,距谷地的底部约30米。这个位置非常靠近铁路。有这样一种说法恐怕不无道理:拍摄这张照片时,亚当·沃里克正在从居庸关到青龙桥的火车上,他可能停车时透过车窗拍摄了这张照片,也有可能是下车拍摄的。

这幅老照片的构图非常有趣,内容也相当丰富。画面下方是农民在小块土地

居庸关长城的西北扇面,亚当·沃里克摄于1922年

上耕作，他们的院落凌乱地分布在居庸关长城的怀抱中。农田上方陡峭的山上有一块三角形平地，三个顶点分别被大小不等的三座敌楼的遗址占据。谷地的底部（照片最下方）有一些平台，这些平台上曾经耸立着有好几层的敌楼。从这里起，人们在陡峭的山坡上修了两条长城，这两条长城的结合点是一座有两个"眼"（箭窗）的敌楼。其中一条从这里起向上蜿蜒至山顶，随后向南（向左）转弯，最后与西南方向的居庸关长城连接。

我们在亚当·沃里克当年拍照的那个地点重摄了同一个场面。画面底部是从谷地和居庸关旁穿过的八达岭高速公路。三角地带左下方的敌楼已经重建。原先穿过居庸关城门的老路没有了，人们在30米之外的高处修了一条辅路。

居庸关长城的西北扇面，威廉·林赛摄于2005年

水关

这幅构图十分精美的水关老照片见于一本内容丰富的画册。尽管没有拍摄日期,也没有拍摄者的签名,人们普遍认为它出自约翰·汤姆森之手。尽管当时使用的胶棉湿片技术非常烦琐(他本人是这种技术的主要鼓吹者之一),在去八达岭的路上,他还是不辞辛苦,游览了几条南口谷地附近的山谷。在这幅老照片的中部,我看到长城在山上时上时下,在西面的远处突然跌落,转向水关。

人们经常沿长城修建水门,从而让溪流穿过关隘。照片的前景中能看到溪

水关,约翰·汤姆森的蛋白工艺照片,原件为26.3厘米×20厘米,摄于1871年

流。在汤姆森那个时代，拍摄后底片必须马上用大量的水冲洗，可以想象，汤姆森是用这清澈的溪水冲洗底片的。

在对水关长城进行个案研究时，我决定放弃在拍摄老照片的那个点上进行精确重摄的"正规"做法，而是用广角镜头显示今天水关长城的面貌。这里有一幅用这种"非正规"手段重摄的照片，极具戏剧性地显示了自汤姆森造访水关以来此地交通发生的变化。请看这幅照片的背景：通往北方的八达岭多车道高速公路从这里穿过，照片背景中还有八达岭高速公路穿越的一条隧道，此外还有一处公路收费站，离开水关的车辆都得在这儿缴纳通行费。

水关，威廉·林赛摄于2006年

水关(从北面看)

这幅老照片的拍摄者是英国人赫伯特·庞定(1870—1935),此公曾经是银行家,后来成了职业摄影师。作为职业摄影师,他移民到美国,由于摄影技术高超,《哈珀周刊》(Harper's Weekly)、《莱斯利周刊》(Leslie's Weekly)等新闻机构先后请他搞专题拍摄。1907年,他应美国新闻媒体的委托,乘坐西伯利亚大铁路来到亚洲,先后在日本和中国拍摄。

在北京地区,庞定至少拍摄了三幅相当成功的长城照片。除这幅十分珍贵的水关照片外,还有两幅获得了巨大的商业成功的八达岭长城照片,这两幅照片,同时具有重要的研究价值。除北京地区的长城外,他还去过山海关。

1910—1914年,以罗伯特·福尔肯·斯科特(Robert Falcon Scott)上尉

水关(从北面看),赫伯特·庞定的银骨胶照片,摄于1907年

为首的英国探险队对南极大陆进行了人类历史上的首次考察,赫伯特·庞定跟随探险队活动,拍摄了大量照片和影片,名声大噪。他把自己的南极探险经历写进《冰雪覆盖南极洲》(*Ice Coverd Antarctica*)一书,并于1921年出版。

这幅水关老照片的前景中有一条路,路旁有几辆骡车,其中离镜头最近的两辆可能是赫伯特·庞定一行来八达岭时使用的交通工具。背景是水关长城,左首远处长城从陡峭的山坡爬下,一直爬到水门。也许是由于附近修了公路或铁路,这个地方的高度发生了变化,因此很难以老照片为蓝本进行精确重摄。重访此地,我们发现水关上面的长城已经重修,原先那条遍地石头的土路如今成了柏油路。画面之外的右方是八达岭高速公路,这里的水关路仍叫作"老路"。

水关(从北面看),威廉·林赛摄于2005年

青龙桥火车站

老照片是亚当·沃里克1922年为美国《国家地理》杂志拍摄的,画面上是停靠在青龙桥车站月台旁的旅客列车。那时去青龙桥的列车早上8时50分从北京市中心的前门火车站发车,12时15分到达青龙桥;下午2时30分从青龙桥开车,5时55分恰好是吃晚饭的时间返回北京。这就是说,从北京去青龙桥旅游可以当天来回,遗憾的是在青龙桥旁的八达岭长城游玩的时间只有2小时15分钟。从青龙桥车站到长城步行需要30分钟,可以想象多数游客是骑牲口到那

青龙桥火车站,亚当·沃里克摄于1922年

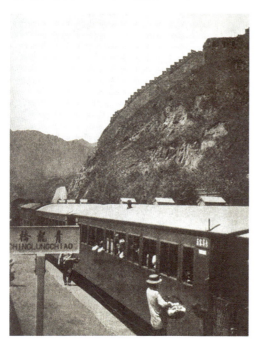

里去的。

20世纪20年代，青龙桥车站是个繁忙的车站。20世纪50年代，每天还有50多趟列车通过青龙桥，而现在每天只有三五趟。我是在一个星期五的中午来到青龙桥的，当时有一列北京至莫斯科的旅客列车停靠在站台旁。长城仍在车站旁陡峭的山上蜿蜒，不过城垛的破损程度与当年相比有所加重。现在绝大多数游客乘汽车来青龙桥，因此青龙桥车站不再像过去那样繁忙。

北京至张家口的铁路建成于1909年，这条铁路在青龙桥以北从长城下面的

青龙桥火车站，威廉·林赛摄于2006年

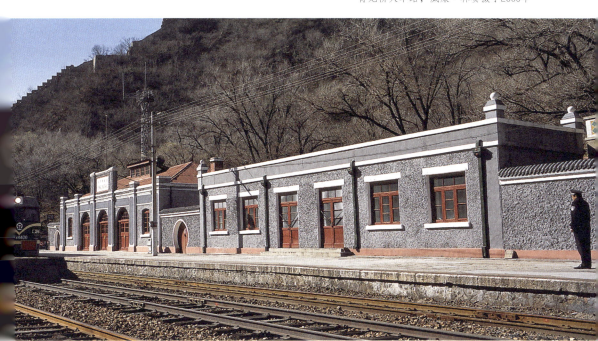

两个威廉与长城的故事

青龙桥车站站长杨存信。杨家父子两代都是青龙桥车站站长。威廉·林赛拍摄于2006年

隧道穿过。京张铁路是工程师詹天佑（1861—1919）设计的。詹天佑毕业于耶鲁大学，先后攻读土木工程和铁路工程。据青龙桥车站站长杨存信介绍，京张铁路通车之前，北京地区的货运主要靠骆驼。1905年，往来于北京在蜿蜒的群山中爬上爬下的骆驼每天要运2万担货物（每担50公斤）。京张铁路是按照清朝政府的命令修建的。保守的清朝政府向来反对进步，修建现代化的京张铁路算是一个特例。

杨存信说，京张铁路有三条规划路线，詹天佑选定的路线最短，但技术最复杂。居庸关一带坡度很大，他用两部车头前拉后推上行的列车，从而解决了列车爬坡的难题，为此他设计了专用的列车挂钩。此外，他还主持修建了从长城下面穿过的隧道。京张铁路是中国人自行设计、自行修建的第一条铁路。为了纪念詹天佑的功绩，人们在青龙桥车站花园里为他立了铜像。

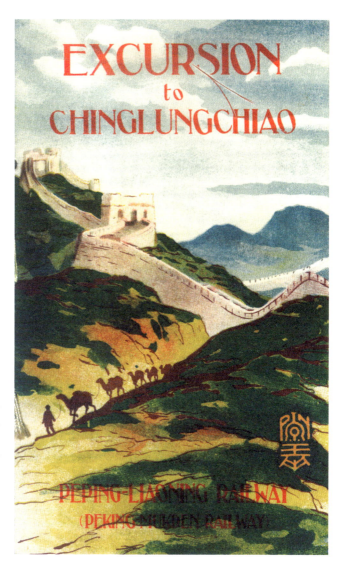

中国铁路当局印制的青龙桥旅游专线宣传册的封面。这份小册子向乘坐"决心号"（Resolute）轮船周游世界的游客散发。小册子上标明的日期是1934年4月11日，宣传材料包括菜单、饮品单以及时间表。那时在秦皇岛弃船登岸的游客先要乘火车到北京，然后去青龙桥

第四章　百年回望，重摄长城

两个威廉与长城的故事

1986年10月，英国女王伊丽莎白二世与菲利普亲王游览八达岭

"造访长城", 1919年

20世纪30年代初，在八达岭长城游览的一对美国夫妇

1972年2月，美国总统理查德·尼克松携夫人游览八达岭长城，原件25厘米×20厘米，白宫摄影部摄

青龙桥西沟长城

这幅手工着色精美的照片，出自20世纪30年代北京美丽照相馆。这家照相馆在北京市中心的南池子大街，除这幅照片外，它还大量复制并出售其他两幅长城照片。画面上的长城状况极好，它位于今天八达岭旅游区西部，俯视着北面的野生动物园和军营以及南面的青龙桥西沟。

在作为边防工事的各地明长城中，人们普遍认为八达岭长城建筑质量最好。八达岭长城的主墙用精心雕凿的花岗岩石块建成，有些石块长2米，每块重达2

青龙桥西沟长城，这是一幅拍摄于20世纪30年代、人工着色的青龙桥西沟长城照片，原件38厘米×27.5厘米，由北京南池子大街美丽照相馆出售。从画面上看，这段长城上的建筑物当时保存完好

吨。石块对接严丝合缝，这就把灰浆的使用减少到最低限度。八达岭长城上的建筑物完全用砖砌就。这幅照片突出了这段长城的特色：城垛上的射孔和望孔朝外开，内城垛笔直，而且比外城垛低得多。墙体上的平路以及通向各敌楼的陡峭梯路均保存良好。长城内外有一小块农田。

然而，重摄青龙桥西沟长城时，我发现它的砖砌部分已被完全拆除，一寸城垛也找不到了。听说是山脚下北面村里的人们把砖拆走了。这段长城的花岗岩墙体仍保存完好。

青龙桥西沟长城，威廉·林赛摄于2008年

八达岭古道

这幅老照片是美国国家历史博物馆古生物学家罗伊·查普曼·安德鲁（Roy Chapman Andrew）拍摄的，拍摄时间是 1925 年，从画面上看，有六辆汽车停在紧靠八达岭长城南面的路上。

安德鲁在北京有一个四合院，20 世纪 20 年代中期，他以北京为基地对戈壁地区进行考察。拍摄这幅照片的时候，他刚刚在蒙古完成一次考察，正在返回北京的路上。安德鲁拥有道奇汽车运输队，车队使用的燃油由美孚石油公司提供。依仗这个优势，他得以在广大地区进行考察，并获取了大量恐龙化石，包括世界上首次发现的恐龙蛋。说来可笑，每次考察的初期，这支摩托化运输队都得依赖沙漠旅行的传统手段，用骆驼沿预定的考察路线运送用于车队加油的设备和汽油——这些考察路线，平均每条长达 4000 公里。

这幅照片充分显示出安德鲁特有的不拘一格的摄影风格。它的拍摄地点既不

八达岭古道，罗伊·查普曼·安德鲁在进行科学考察的路途中，摄于1925年

在长城上,也不在通向长城的路边,而是在俯视长城的山上——恰恰由于他的不拘一格,拍摄出来的画面才那样新奇。在画面显示的西北方向,我们看到一条弯弯曲曲的古道穿过几乎废弃的瓮城。在画面的右方,长城在八达岭最低处缓缓向上爬行。

重访此地,我们看见这里的长城已经重修,那条古路已经重铺,但保持了原来的走向。周围山坡上的林木比过去茂密,秋高气爽,正是旅游旺季,上百辆旅游巴士停在离长城大约100米的停车场。安德鲁也许是第一个把汽车直接开到长城脚下的人,现在的人们也是如此——不过这样的日子已经屈指可数,这个停车场将被搬迁,为此将在长城底下修建一条隧道。这是八达岭长城景区整体改造的一部分,根据规划,景区中有碍长城景观的设施将全部搬迁到远离长城的地方。

八达岭古道,威廉·林赛摄于2005年

南口关的山羊群

这幅照片出自赫达·哈默之手,原标题为"南口关长城",是她在20世纪40年代拍摄的一套21幅照片中的一幅。赫达·哈默是一位自由摄影师,她拍摄的这一套照片显示了当时北京的方方面面。赫达·哈默将之复制,并用丝绸面礼盒精心包装,作为纪念品出售给有钱的旅行者。

在这幅照片上,我们看到在长城这一举世闻名的古建筑的怀抱中,在长城最著名的关隘——南口关的山坡上,成群的山羊在自由自在地吃草。用这种方式展现中国人生活中的一个精美场面应当说并不多见。旅游作家朱丽叶·布雷登(Juliet Bredon)曾在她闻名遐迩的导游书《北京:名胜、历史与感受》(*Peking: A Historical and Intimate Description of Its Chief Place of Interest*, Shanghai: Kelly & Walsh, 1919)中描述过这种迷人的田园风光。在她之后,赫达·哈默用这幅照片把中国历史与中国农村生活完美地融为一体。

赫达·哈默出生在德国斯图加特,11岁那年就用一台柯达布劳尼箱式相机开始了自己的摄影师生涯。1929—1931年,她在慕尼黑国立摄影艺术学院学习。由于无法忍受纳粹越来越嚣张的气焰,毕业后她便千方百计地找机会离开了德国。1933年,设在北京使馆区内的阿东照相馆(由德国人阿东夫妇创办)给了她一个经理的位置。赫达·哈默在这家照相馆工作了五年,其间被中国雇员称为"赫姑娘"。1938年,她辞去阿东照相馆的工作,成了自由摄影师。

对于人物摄影,赫达·哈默可谓情有独钟。相对于建筑物和风光,她更喜欢拍摄展示风土人情和文化传统的作品。在北京,她经常把相机挂在脖子上出游,骑自行车走遍了城内大街小巷和城外村庄。20世纪40年代初,她结识了阿利斯泰尔·莫理循(Alistair Morrison)。阿利斯泰尔·莫理循是《泰晤士报》驻北京记者乔治·欧内斯特·莫理循博士的第二个儿子。1946年,赫达·哈默与阿利斯泰尔·莫理循结婚,同年夫妇俩离开中国去马来西亚的沙捞越。

南口关山羊群，赫达·哈默拍摄于20世纪40年代初

第四章 百年回望，重摄长城

2005年,阿利斯泰尔·莫理循把赫达·哈默创作的许多摄影作品捐赠给澳大利亚悉尼动力博物馆(Powerhouse Museum)。他在捐赠仪式上说,《南口关长城》的拍摄,与赫达·哈默忙乱中丢失一个胶卷有关。按他的述说,事情是这样的:20世纪40年代初某日,赫达·哈默拍摄完南口关后返回青龙桥车站,突然她发现少了一个胶卷,可能是丢在长城上了。于是她赶紧回去找,再次返回青龙桥时,最后一班去北京的火车早就开走了。没办法,她只好在长城上过夜。不过"塞翁失马,焉知非福",次日她赶在早晨、下午光线最佳的时候进行了拍摄。

南口关,威廉·林赛重摄于2007年,此时赫达·哈默·莫理循镜头中的田园风光已经不复存在

《南口关长城》是在下午、接近傍晚时的阳光下拍摄的。从画面上看，长城和长城上的敌楼都完好无损，我们还能看到路旁有一条小路蜿蜒进入草丛。重摄南口时，我发现这里的长城已经重修，然而，《南口关长城》画面上山羊吃草的地方，眼下出现了许多与长城景观极不相配的设施。重摄的照片显示，古老的长城与五花八门的现代建筑物相交，显得十分难看。这表明当地长城管理部门不知道长城本身固然值得保护，曾经壮丽无比的长城景观同样应当妥善保护。

南口关，比起2007年景象有所改观，朴铁军摄于2008年

从长城外拍摄的八达岭

老照片出自约翰·汤姆森之手,拍摄于1871年,可能是最早拍摄八达岭长城的照片。这幅照片比较珍贵,因为它是从长城外面拍摄八达岭,而多数摄影师是从里面拍摄。

约翰·汤姆森用大角度拍摄了八达岭,画面上,长城从山脚下的主要入口蜿蜒爬行到左面山顶上第四座面向北的敌楼,然后左转,最后在长城主要入口与第一座敌楼之间的天际再次现身。这段长城看来完好,除紧靠入口处右边的城堞少许破损外,整段长城看不到明显的损坏。画面下部的右面有一条弯弯曲曲的石头路穿过长城。

从长城外拍摄的八达岭,约翰·汤姆森摄于1871年

此处地貌变化相当大，加上地面平整，重摄照片在拍摄地点和高度方面很难做到与约翰·汤姆森的老照片完全一致。新照片是从八达岭宾馆楼顶拍摄的。我发现大量修建旅游设施，对八达岭长城景观造成了严重破坏：尽管与老照片的拍摄角度相同，凸显在新照片上的不是长城，而是道路、停车场还有出售各种各样旅游纪念品的摊点。

时任八达岭长城旅游景区管理处主任的李满说，有关方面将采取两项重大措施，使老照片上的八达岭长城景观得以恢复。根据2006年公布的八达岭长城保护规划，长城下所有商业设施都将后移，还将在长城下面开凿一条隧道，取代现在各种车辆通行的路。

从长城外拍摄的八达岭，威廉·林赛摄于2006年（目前已将停车场移到景区外）

八达岭长城登城的第一个平台

　　这幅老照片拍摄于1885年,据说是托马斯·蔡尔德拍摄的。从画面上看,八达岭长城山路的第一个平台上有一群外国游客,还有他们在当地雇用的中国导游,他们在摆姿势照相。这群人的左方是长城外墙的门,旁边的山上能看到一组四座敌楼。瓮城中央有一座用长城砖搭建的长方形建筑物,它的使用者可能是等

八达岭长城登城的第一个平台,托马斯·蔡尔德的蛋白工艺照片,25厘米×20厘米,摄于1885年

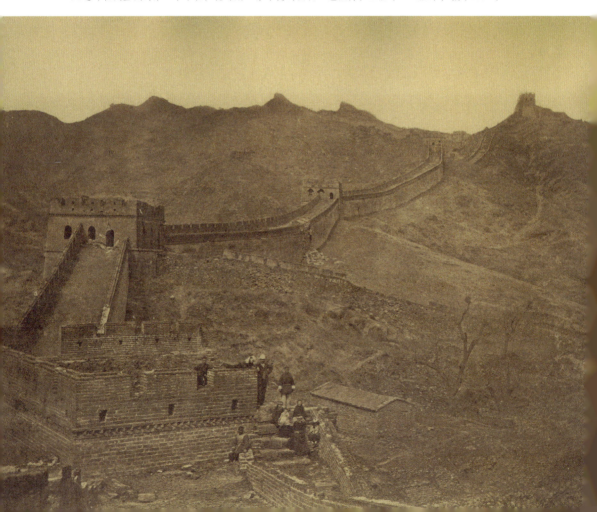

待外国游客雇用的当地人。第一、第二座敌楼之间的通道显然已经崩塌。重访此地,我发现通往前景平台的台阶发生了少许变化。瓮城前原先只有两株孤零零的迎客树,而现在漫山遍野都是树。

八达岭长城登城的第一个平台,威廉·林赛摄于2005年

八达岭明信片

这幅八达岭照片,是山本赞七郎 1895 年拍摄的。照片的背后盖有椭圆形的印章,印章上有"S. 山本于北京"的字样。

山本赞七郎从 19 世纪 90 年代到 20 世纪初在北京居住,是日本摄影学会会员。他在天安门广场以东的老北京使馆区附近开了一家不大的照相馆,在天津英租界也有一家照相馆,靠销售画册、明信片和图文并茂的图书为生。他还出过一部名为《北清大观》的书。我对他的了解,大致就是这些。他的拍摄地点仅限于八达岭,然而从他的几幅照片看,他的构图水平相当高超。

八达岭明信片,山本赞七郎的蛋白工艺照片,26.3厘米×19.5厘米,摄于1895年

我见到的这幅照片,是山本赞七郎拍摄的三幅八达岭经典照片中的一幅。这幅照片被他用在明信片上。从这幅照片上,我们看到八达岭北山长城上的敌楼一座接着一座,阵容雄伟,动人心魄。拍摄者善于用全景扣动观者的心弦,似乎在把观者的目光从长城脚下往上引导,直到画面的右上角。

　　在照片的前景中,我能看到瓮城的一部分。瓮城的内门看起来状况良好。那座用长城砖搭建的房子旁杵着一株光秃秃的树。这座房子已经在那里存在了许多年,当时许多游客都见到过它。

　　重访此地,我发现瓮城一带变化巨大,现在大多数游客从这里攀登长城,因此周围的服务设施拥挤不堪。八达岭长城下的古道(在照片上被遮挡)仍在被使用,从左至右与旗杆旁的长城形状的墙平行。

八达岭明信片上的图景,威廉·林赛摄于2005年

八达岭全景图

无论从摄影技术还是从构图看,这幅八达岭长城全景都是传世佳作。原照复制品的尺寸为116厘米×24厘米,用照相凹版印刷,用作1923年2月美国《国家地理》杂志插页。复制这幅照片,使用了金属版曝光蚀刻法,其清晰度可谓前所未有。从画面上,观者甚至可以看到长城墙面上大石块的阴影,还能清楚地分辨离镜头最近处的长城砖。

美国《国家地理》杂志是美国国家地理学会出版的刊物。然而,该学会的资料部却无法提供这幅照片的详细信息,既不知道谁是拍摄者,也不知道用哪种型号的相机拍摄的。照片应当是文章的作者亚当·沃里克拍摄的,但是对于亚当·沃里克的生平事迹,他们一无所知。

照片可能是1922年拍摄的,画面展现了八达岭长城的全景。通过仔细检查,我们断定这幅全景照片是一次拍成,而不是分段拍摄后拼接。然而,画面上的农民和骆驼是美国《国家地理》杂志编辑贴上去的,目的是让画面活跃一些。

20世纪早期,使用最多的全景相机是罗切斯特全景摄影器材公司(Rochester Panoramic)1904年推出的Cirkut旋转相机,以后柯达公司又推出了该型相机

八达岭全景图,照相凹版全景图,116厘米×24厘米,摄于1922年,原作存于美国国家地理学会

的几款改进型。拍摄时相机置放在三脚架上，相机中安装不同尺寸的胶卷，相机转动的时候，一台小马达驱动胶卷与相机同步转动，因此能用于360度拍摄，主要用于拍摄人数众多的群像。然而，正因为它有着这样优越的性能，我认为它最有可能被用来拍摄那令人叹为观止的长城景观。在这幅180度旋转拍摄的照片上，我们看到画面右方是八达岭北山，左方是八达岭南山，具有战略意义的八达岭关隘在两座山之间的最低处。

仔细分析这幅全景照片，将之与更早拍摄的长城相比，例如与半个世纪之前即1871年约翰·汤姆森拍摄的长城相比，此时的长城已经遭到一些破坏。从约翰·汤姆森拍摄的照片上，我们看到长城的内壁有两处裂口，一处在画面左首远处，另一处在右首远处。与1890年拍摄的长城相比，右首远处的裂口有所扩大。1890年以来的三十年中，通往城门外墙平台的台阶已经沦为废墟。

重摄此地时，长城已经重修，老照片画面离镜头最近的长城被茂密的林木遮挡。各种各样的建筑物出现在长城的怀抱中。右首远处长城景区主要入口处周围全是建筑物，远处左下角有小墙环围着邓小平"爱我中华，修我长城"号召的纪念石。

八达岭全景图，威廉·林赛摄于2006年

八达岭"贵宾地段"

这幅老照片拍摄于19世纪80年代,画面上没有人,无论是当地人还是游客都没有。这并不奇怪:那时从北京到八达岭要走两天,沿途盗匪出没,到这里来就得忍受一路颠簸,还可能遇到土匪。因此到此一游的人数每年不足一百,而且主要是外国游客。

这幅老照片上的长城是那样雄伟,却又那样安宁。我们看到画面北山上的长城缓缓转弯,除背景右方长城有一处被冲蚀外,屹立在山上的那一连串敌楼几乎完美无缺。画面左方有一座高大的敌楼,因此长城的外墙不难辨认;而内墙的敌楼则比较低矮,没有城垛。这乃是八达岭长城形制的一个显著特点。

八达岭"贵宾地段",蛋白工艺照片,23.5厘米×16.8厘米,摄于1880年,拍摄者不详

今天，修缮后的八达岭长城延长了 3.5 公里，还修了一条高速公路。历年来有 500 多位国家元首和政府首脑先后造访此地。所有这一切使得八达岭长城闻名全球，被称为长城的"贵宾地段"。人数迅猛增长的国内游客，当然也把八达岭长城当作首选。我重访此地时正值 2005 年金秋，八达岭长城上下人满为患。2004 年，八达岭长城接待的游客达到了创纪录的 450 万，"五一""十一"黄金周期间每天接待量高达 10 万人。为了鼓励人们出游从而刺激消费，中国政府大力倡导"假日经济"，因此中国人每年享受两次长假。然而，由于旅游设施建设相对滞后，黄金周期间的八达岭长城几乎被人流吞没。

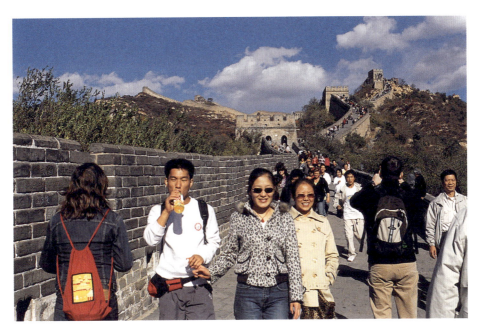

八达岭"贵宾地段"，威廉·林赛摄于2005年

八达岭（面向西南）

这幅老照片是赫伯特·庞定 1907 年拍摄的，构图之精美，足以解释赫伯特·庞定为何不说自己是"摄影师"，而是自称"摄影艺术家"。画面是面向西南的北坡上的八达岭长城，无论是构图、曝光还是作品的观者兴趣以及生命力的持久，这幅照片都堪称摄影艺术的杰作。它先是被用作威廉·盖洛 1907 年出版的《中国长城》一书的插图，半个世纪之后的 1954 年，李约瑟（Joseph Needham）将之用于他的鸿篇巨制《中国科学与文明》(又译为《中国科学技术史》) 的第一卷。

赫伯特·庞定的摄影艺术风格与山本赞七郎相似，他用广角展示长城像一条

八达岭（面向西南），赫伯特·庞定的红褐色照片，摄于1907年

巨大的石龙蜿蜒穿过八达岭关隘,同时集中表现这条长城身躯上最具特色的那个部位。他登上八达岭长城,站在它的中部,力图表现一位游客眼中的长城——这位无形的游客似乎走下长城,从三个人身旁走到那座精美的敌楼,随后走到长城脚下,最后登上对面的山。不过要说明,画面上的三个人是赫伯特·庞定为拍摄照片特地雇来的。

重摄此地,我发现长城两侧大量土地被旅游设施占据。照片左方靠近瓮城的地方现在是停车场。最近的那座敌楼旁有一个卖旅游纪念品的摊点,周围有人拉着马或骆驼招呼游人照相。长城右边现在是商业区,从新照片上能看到那里几座建筑物的房顶。

八达岭(面向西南),威廉·林赛摄于2006年

八达岭北山

这幅照片拍摄于1895年，照片背面有日本人山本赞七郎的紫色椭圆形签章。

山本把取景高度和宽度发挥到极致，使观者充分领略长城无与伦比的规模和壮丽。他让观者的目光集中在蜿蜒曲折的长城，画面中有一个人，与宏伟的长城相比这个人显得非常渺小。

从照片上看，那时长城墙体的状况良好，只是长城脚下遭到一些破坏。原因是水从山上冲刷下来，在长城下的槽面汇集并向墙内渗透，冬天水结了冰，体积

八达岭北山，蛋白工艺照片，26.3厘米×19.5厘米，山本赞七郎摄于1895年

胀大，推挤基石，导致长城路面塌陷。

　　重访此地，我发现这里的长城已经重修，周围植被的变化尤其巨大。1949年新中国成立后不久，八达岭长城便划归林业部管理，人们在周围山上大量植树。八达岭长城修建于六百年前。现在八达岭一带山上的林木，很可能比以往任何时候都要茂密。还要说明，六百年前修建八达岭长城是就地取材，为了获取用于烧砖和石灰的燃料，这一带的森林被砍伐一空。

八达岭北山，威廉·林赛摄于2004年

八达岭城垛与敌楼

老照片的原件是20世纪30年代北京容真照相馆出售的八达岭长城系列画片中的一张,画面是北京八达岭北山半坡上的城垛和敌楼。从画面上看,长城建筑物整体保存良好,不过画面背景中的敌楼左墙面有一些裂纹,小凸面下方第二、第三座敌楼之间长城上的通道有一处被冲蚀。

我的朋友朴铁军在初冬的一天到此重摄,发现长城上游客拥挤不堪,老照片背景中的敌楼外墙已经修缮,人们排着长队在狭窄的入口穿过。这座敌楼上层少了两个射孔。从它的上面往外看,涂成蓝色的公共厕所显得分外扎眼。绝大多数城堞保存下来。由于游人过多,不堪重负,长城上的通道已经重铺,有些地方重铺过好几次。

八达岭的垛口与敌楼,容真照相馆的银骨胶照片,10厘米×6.5厘米,摄于20世纪30年代

八达岭的垛口与敌楼，朴铁军摄于2006年

慕田峪长城：五幅系列老照片对比

这五幅系列老照片都是威廉·盖洛拍摄的，拍摄时间可能是 1908 年夏季的某一天，他在慕田峪一带考察时，选取了这五个场景。这些照片以及他对此地的描述（请见下面的摘要），都说明长城在这里构成了一个环线，其起点和终点都是莲花池。具体地说，这条环线从慕田峪长城东端开始向西至牛角边，然后穿过山谷回到起点，全程大约 16 公里。

威廉·盖洛是在莲花池村过夜的，这个地方没有旅馆，只好在"当地首富"家里借宿，结果被村民围观。他写道：

> 男女老少一个不剩全来"观赏"我们。这的确让我们感到不舒服，不过对于人们的做法我们不能过于认真。我们来到这个小村庄，恰似当年一个马戏团来到我的家乡宾州多埃斯顿城。光是我鞋子的尺寸就让他们大吃一惊。

次日早晨，威廉·盖洛从莲花池村动身，寻找"北京结"，即长城主线和环线在东面的结合处。他把"北京结"命名为"Y 处"——在这个地方，从东面蜿蜒至此的长城主线分为北线和南线，即外长城和内长城。他写道：

> 找到山海关和遵化很容易，找到"Y 处"却颇费周折，既费时，又费事。这里有两个原因：首先是山势过于陡峭，很难爬。其次是当地人不知道长城在哪里分岔，分别通向西北方向的张家口和西南方向的南口。有个当地人信誓旦旦地说他知道长城在哪里分岔，事实却是他领错了路。看来指望当地人引路无望，我们便开始爬山。这里的风景之美无与伦比，而那两段来自东面的长城以及那段向东延伸的长城却不见踪影，于是我们不由得失望起来。

莲花池

从这幅 1908 年拍摄的老照片上,我看到陡峭的长城从山谷中爬出来,溪水在乱石上流淌,最后流进那个叫作"莲花"的池塘。

尽管离村庄很近,老照片拍摄时长城保护得很好,山坡上的敌楼也保持了原样。然而,我在重摄此地时发现长城建筑物数量在减少,质量在变坏。老照片前景下方一段 20 米长城已经损毁,现在只剩下一个土墩。山坡上的敌楼也已经崩塌,敌楼内的房间看不到了。尽管长城的墙体保持了原样,但是老照片画面上方山脊上的长城建筑物也已经坍塌。

我还发现,紧挨长城的土地也已经被开发。新照片背景的近处有个游泳池,旁边还有用红色波纹铁搭建的遮阳棚,看上去非常刺眼。这个谷地越来越拥挤,人们大量养殖虹鳟鱼;络绎不绝的北京人到这里度周末,主要不是为了观赏莲花池,而是为了吃烤鱼。

当年威廉·盖洛从莲花池出发,从山谷爬上山,考察三座楼一带的长城。

两个威廉与长城的故事

莲花池,威廉·盖洛摄于1908年

第四章 百年回望、重摄长城

莲花池,威廉·林赛摄于2006年

慕田峪（面向西）

这里有一幅威廉·盖洛拍摄的长城外景的照片，这幅照片以及其他三幅没有用于长城重摄项目的老照片，都表明当年威廉·盖洛可能是沿着长城外墙面跋涉，试图寻找一个出口，这样就不必翻山越岭了。

从这幅照片上，我看到长城向西蜿蜒曲折地爬上高山，右方是这段长城的尾部，大约40米长，终点有一座敌楼，后面山丘上有一座独立的敌楼。我重摄的照片显示这段长城已经重修。在许多地方，大多数敌楼上部用的是原来的砖，但其余部分则用灰色的新砖。新旧两种砖对比鲜明，从最近处敌楼的外墙面就能看

慕田峪（面向西），威廉·盖洛摄于1908年

出来。画面上长城左方远处,可以清楚地看到慕田峪长城两座索道站中的一座。从慕田峪长城脚下,威廉·盖洛开始向上攀登,并在三座楼拍摄了慕田峪长城的东端。

慕田峪(面向西),威廉·林赛摄于2004年

慕田峪长城的三座楼

威廉·盖洛是站在长城上拍摄这幅照片的。拍摄时他面向东方,目光集中在从三座楼到大角楼这段短短的长城。照片的前景显示,这段长城在陡峭的山上向上爬行,转了一个弯。山坡中部有两座敌楼。

慕田峪长城的三座楼,威廉·盖洛
摄于1908年

第四章 百年回望，重摄长城

慕田峪长城的三座楼，威廉·林赛摄于2004年

两个威廉与长城的故事

1984年付林健参加了修复长城的工作，威廉·林赛摄于2004年

用这样的角度拍摄，威廉·盖洛使我们清楚地看到长城的原始风貌——背景中长城上的道路已经长满了野草。镜头几米以外的地方有一个土墩，土墩后面是三座楼，由于这块凹地易攻难守，因此这座敌楼相当大。

重摄此地，我发现这段长城已经重新修缮，现在是慕田峪长城旅游景区的东端。照片前景中的土墩原先是一座炮台，现在也已经修缮。从照片上可以清楚地看到三座楼的楼顶。仔细看，能发现重建工程的设计者尽量修旧如旧，可谓用心良苦。他们不放过每一个细节，连屋脊上的神兽也按原样复制。四周山坡草木葱

第四章 百年回望，重摄长城

邓小平题词

水彩画《邓小平》,原件为18厘米×37厘米,1985年创作,创作者不详

茏,显然已经绿化。

　　1984年,中国领导人邓小平发出了"爱我中华,修我长城"的号召,随后人们对万里长城进行了大规模的修复,其中慕田峪长城首先得到修复。邓小平的号召为中国文化遗产保护开创了一个崭新的时代。在此之前,破坏文化遗产的现象相当普遍,为了获取现成的建筑材料,不少人不惜拆毁长城。

　　多谢邓小平发起的"爱我中华,修我长城"运动,当地一位名叫付林健的农民找到了有生以来第一份能挣现钱的工作。他参加了长城的修复,作为砌砖工,每天挣大约1美元。1984年,他参加了老照片上所有长城的修复工作。我问老付,对于自己成为古老长城的现代修复者是否感到骄傲。他回答说,那个时候他只知道干活挣钱。二十二年过去了,老付成了慕田峪长城旅游景区的工作人员。他说,看到游客登上他亲自修复的长城,他终于认识到自己当年干的活儿非常重要。

"3 字形长城"（怀柔，慕田峪长城的一段）

这是一段风格独特的长城，首次称为"3 字形长城"的是路德·牛顿·海斯。1907 年，威廉·盖洛长城考察的初期，曾经一连几个星期由海斯陪伴。关于他为何对长城发生了兴趣，海斯写道：

> 对于我这个出生在中国的年轻外国人，长城这座古老的建筑杰作有着特别的魅力。早在孩童时代，我就立下了有朝一日造访长城全线的雄心壮志，这既是为了满足个人的兴趣，也是为了增进别人对长城的了解。多年之后，这个儿童时代的志向终于实现了——我沿着长城跋涉了好几百英里。

海斯的妻子兼他的传记作者雷恩·庞弗里·海斯（Rhen Pumphrey Hayes）说过，她的丈夫曾一连三个星期与威廉·盖洛一道考察长城。"他们从濒临大海的山海关出发，但是紧急任务中断了他（海斯）的行程，使他无法走完 1300 英里路程到达甘肃。"

路德·牛顿·海斯出生于居住在江苏省苏州市的一个美国传教士世家。1882 年，他的父母到中国度蜜月，没料到从此在中国安了家，一住就是五十年。海斯在 20 多岁的时候，被送回美国，在俄亥俄州伍斯特学院读书。1906 年毕业后不久，他被慈禧太后的大臣李鸿章雇用，成了李鸿章孙辈的家庭教师。他先后在北京和南京的李府居住；很可能是李鸿章家的什么事情使他无法与威廉·盖洛一道完成长城全线探险。

由于海斯对长城研究有浓厚的兴趣，所以得到了威廉·盖洛制作的 75 张大银幕幻灯片，其中有些是威廉·盖洛在世时的馈赠，有些是根据威廉·盖洛的遗嘱所得。牛顿·海斯请上海一位画家为这些幻灯片上了色。也许是在 1927 年 11 月，他在英国皇家亚洲学会华北分会（也在上海）的办公处放映了这些幻灯片。两年之后,他根据自己掌握的长城材料写了《中国万里长城》一书,该书由上海 Kelly & Walsh 出版公司出版。这本书袖珍版中的照片全部是威廉·盖洛拍摄的。不过有些遗憾的是,对于路德·牛顿·海斯和威廉·盖洛两人一起进行的头三个星期中的考察路线,这本书没有提供详细的线索。

我重摄的照片,表明就其质量和设计特点而言,"3字形长城"的总体状况在恶化,不过还没有恶化到不可挽回的程度。威廉·盖洛特意在照片的前景中安排了两个身穿清朝服装、留长辫子的人,这可能是应出版商的要求这样做的,为

"3字形长城",威廉·盖洛摄于1908年

的是给照片增添一些人情味儿。

审视向下连接第一座敌楼的长城,可以看到它内墙面上排水口大约还有一半仍在,然而这里的三座敌楼都已经破败不堪。牛顿·海斯在为"3字形长城"照片撰写的说明中特地提请读者注意此处长城转弯处三座敌楼。他说,这三座敌楼"位置突出,从这里,弓弩射手可以在大范围内攻击长城外墙的敌人"。

新照片右侧远处是怀柔城区,我们能清楚地看到那里新近建成的白色大楼。

"3字形长城",威廉·林赛摄于2004年

牛角边

在一个地点拍摄的时候,威廉·盖洛每每把近处几个地点的长城同时拍摄下来,这样就不必为拍摄这几个地点而重新拆装笨重的相机、镜头和三脚架。只要仔细地把这幅照片与他拍摄的"3字形长城"照片比较一下,就不难发现他的这个习惯。这幅照片是在距"3字形长城"25米之外拍摄的,拍摄方向与其他照片恰好相反。

这幅照片的画面是一处长城环线的开口处,从西面或空中看恰似牛角。这种布局符合"居高临下"的战术思想,有助于增强守军弓弩、抛石等武器的效能。

照片的前景是一段保存良好的长城,墙上耸立着有盖顶石的工事。这段长城转向右方,外墙面的情况一览无余。它在陡峭的山上向上爬行,当中有一座敌楼,最后到达山巅(海拔1065米的山巅在本照片的取景之外)。到达山巅之后,长城

牛角边,威廉·盖洛摄于1908年

开始向下爬行，在地平线的中右部分再次构成了第二条线，最后到达位于照片中心的一座有四个"眼"（窗户）的敌楼。从这里起，长城开始向左方的远处蜿蜒，逐渐消失在斜长线的另一端，但随后再次现身，即照片左首地平线上远处的正北楼。

在这里重摄的时候，我们发现与过去相比，长城两边和长城上的植被厚了许多。早在三百七十多年前，长城就不再作为防御工事使用了。从那时起，这段长城成了荒野的一部分，成了所谓的"野长城"。被北风裹挟至此的黄土逐年积累，在长城上下形成了几厘米厚的土层，被风吹来的种子以及鸟粪中的种子落地发芽，终于使长城湮没在荒烟蔓草之中。我们在这里发现了各种各样的野生植物，既有野草，也有野花；既有灌木，也有乔木，乔木有杏树、丁香树、橡树等。有些野生成年树有三十多岁，它们的根系十分发达，深深扎进长城，似乎与长城结下了

牛角边，威廉·林赛摄于2004年

两个威廉与长城的故事

国际长城之友协会长城环保员常金旺。杨肖摄

生死之缘。

    这里曾经有三座敌楼，存留下来的只有正北楼。正北楼底层走廊依然完好，通往上层的两处楼梯也在。此处地形优越，周围情况一览无余；当年正北楼拱卫中军，因此与周围其他敌楼相比，它的建设标准比较高。尽管如此，眼下它面临着许多结构性问题：整个楼体严重倾斜，有不少裂缝，墙体上不少砖已经松脆，承重能力大大降低。2005年，在世界文化遗产基金会的赞助下，国际长城之友协会邀请清华大学建筑历史与理论及文物保护研究所对正北楼的稳定性进行了测试。专家们预言，在未来岁月中，正北楼面临的最大威胁将是地震。对比这新老两幅照片，人们不由得忧心忡忡：如果再过一百年之后有人来此考察，现在耸立在照片地平线上的那座敌楼是否仍在。

    威廉·盖洛从这里向上攀登至牛角边，并在牛角边拍摄了当天最后一幅照片，随后便匆忙前往吉利沟。

从西看的卧虎山。卧虎山背后是潮河河谷,长城沿潮河河谷蜿蜒爬行至金山岭

六、古北口地区

古北口在北京东北120公里处,位于北京与河北交界处。坐落在华北平原北部的北京,1421年成为明朝国都。关外草原上的少数民族南侵,往往借道古北口和居庸关扼守的谷地,因为这条通道比较短,也不那么崎岖。

古北口的意思是"古老的北方关隘"。在相对平坦、宽广的古北口谷地,潮河穿过燕山山脉。古北口长城是按照明朝开国皇帝朱元璋的命令于14世纪中后期修建的。那时,元朝的残余势力仍不时袭扰关内,为了防止关内被关外少数民族征服的历史重演,恢复了大汉统治的朱元璋下令修筑长城,以巩固边防。

明朝初期,由于能够动用的资源有限,政府只在古北口、居庸关等战略要地修建长城。随着时间的推移,分段修筑的长城终于连接起来,构成了一个规模宏大的防御体系。所谓"明长城",就是这个防御体系的总称。

15世纪初期，为了加强边防，明朝第三位皇帝永乐下令把首都从南京迁到北京。南京距关外1200公里，而北京距关外只有120公里，因此居庸关、古北口的战略地位便更加突出了。

北京是皇家所在地，当然应当固若金汤。开头人们只是把长城向古北口两侧延长，为的是防止入侵之敌绕过屹立在潮河岸边的古北口，借道附近较小的谷地进攻北京。

尽管如此，1550年古北口长城仍被攻破。明朝统治者接受这次重大军事失败的教训，隆庆、万历接连两代对古北口长城进行了大规模重修。隆庆初年，戚继光将军担任蓟镇总兵后，对现有的长城工事进行了详细勘察，他的结论是，尽管重修长城耗费了大量时间、人力和财力，然而朝廷并没有必胜的把握。

关于长城，威廉·盖洛说过这样一句话："人与大炮孰强？人也。"我们可以借用这句话概括戚继光重修长城的设想。在他的指挥下，古北口长城修建了更多的敌楼，供守军长期在敌楼中驻守；而过去是把部队部署在长城背后，必要时才派他们增援守城部队。此外，敌楼的布局更加紧密，这样一旦遭到攻击，驻守在两座相邻敌楼的士兵就能用交叉炮火或弓箭射杀攻击长城正面的敌人。戚继光还打算加高、加宽城墙。由于他的指导，长城工事变得更具特色，比如城墙上修了斜角垛口，既扩大了守军视野，又便于他们自我保护。城墙上还留了向敌人投掷石块的口子。

古北口可以说是戚继光所修长城的杰作。18世纪后期大批英国旅游者到这里来，正是为了欣赏戚继光为后人留下的这堵又高、又宽的青灰色大墙。人们看到，这蜿蜒爬行到顶峰的大墙上每隔一段就有一座敌楼，每座敌楼上都开有较大的箭窗。

1793年，英国军官威廉·帕里什率先用图画准确地再现了古北口的长城雄姿。在描绘长城的艺术作品中，这是一幅具有代表性的杰作。在欧洲，整个19世纪都有人临摹这幅画；这幅画加深了欧洲人对长城的印象，使他们认识到长城是世界上最伟大的人文与自然景观相结合的艺术作品,长城的宏伟壮丽,足以与罗马、希腊、埃及最具代表性的文化遗存媲美。

　　直到 20 世纪初,才有第一位摄影师来到古北口。他从北京动身,用了整整六天才到达古北口——那时,即使从北京到南口关也得走四天。由于交通不便,难得有旅行者不顾艰难前来造访这里的长城。这位摄影师,就是美国地质学家弗雷德里克·克拉普。1914 年,他长途跋涉考察长城,为我们留下了当时古北口长城的珍贵照片。1928 年,德国蒙古学家赫尔曼·康斯坦(1878—1957)在北去考察蒙古的途中也在古北口停留,也给我们留下了照片。然而,从画面上看,这些古北口老照片的视野受到局限,往往都集中在反映古北口长城紧靠与潮河平行的一条道路旁的那段风景。

这是威廉·亚历山大(William Alexander)创作的速写《中国皇帝接见英国使臣》。乾隆皇帝在承德"万树园"一个满洲风格的帐篷里接见了以乔治·马戛尔尼(George Macartney)勋爵为首的英国使团

造成老照片这些局限的原因,也许正是因为那个时代此地长城的建筑物不仅数量多,而且保存完好,因此拍摄起来比较容易。古北口不仅是长城从西往东蜿蜒中的一个点,而且本身就是一座防守严密的城镇,仅城墙就有好几公里长。显然,光是在古北口就有太多的东西值得看,因此很少有人愿意离开熟路深入土匪出没的古北口腹地。正因为如此,当时流行的古北口照片无不反复突出此地长城建筑物,特别是敌楼和城门。

金山岭长城

威廉·帕里什上尉创作的水彩写生画（上图），1798年发表。威廉·亚历山大以此为蓝本，创作了铜雕版画《古北口附近的中国万里长城》（下图）

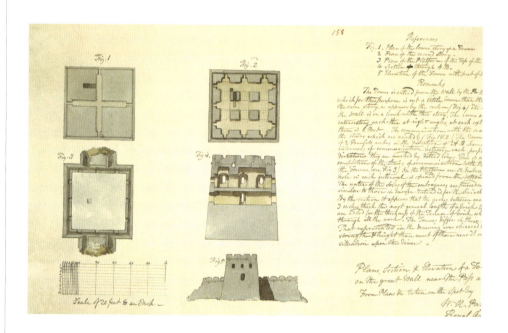

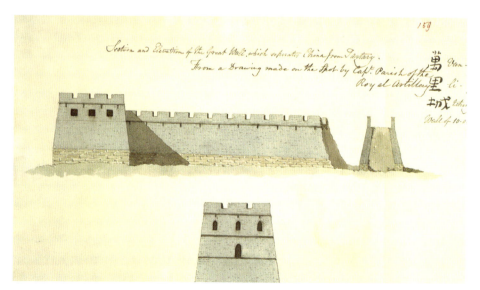

1793年威廉·帕里什上尉在古北口画的速写和他的现场考察记录

古北口的庙宇和古北口古城

20 世纪 20 年代拍摄的这幅老照片，不仅让我们看到了古北口老城的原貌，而且生动地显示了潮河谷地作为战略要地的重要性。作为形象资料，这张照片非常珍贵。从它的画面上，我们看到在这个颇具规模的城镇，古老的长城与当代建筑融为一体。

这幅照片是在古北口城墙的高处向北拍摄的。照片中部右首（方向是东）的近景是古北口城，一个人口相当稠密的居民点。背景右方有三座庙宇，济公庙在照片右边远处，财神庙在照片左下方，药王庙离拍摄地点只有 100 米。在古北口，我们找到了当时 84 岁高龄的见证人吕文财（已故）。我们对他的长寿表示祝贺。他回答说他长寿的奥秘有两个：一是本人精神振作；二是古北口一带的水特别多，而且特别清洁，常年喝这里的水自然长寿。他告诉我们古北口是"一步三眼井，一步三座庙，琉璃影壁靠大道"。

古北口道士

站在左首方向的山上,我们能看到长城这"长龙"沿山脊蜿蜒而下,"龙头"伸到潮河水边;我们也能看见潮河边姊妹楼的倩影。向东看,右首方向是几座水门构成的防御系统。可以想象,当年这些吊门足以防止入侵之敌顺着潮河冲进古北口城,而河水的奔流丝毫不受影响。在这张老照片的右上方,紧靠古北口城北面,我们看到长城在潮河岸边与潮河平行向前延伸。除古北口外,我们在这一带还重摄了另外两处长城。

从重摄的照片看出,古北口古城的原貌基本上没有变化,三座庙保存都比较完好。这里的长城总体状况良好,可惜姊妹楼遭到彻底破坏,如今不见踪影。潮河东岸的长城看来也不像过去那样雄伟。2015年姊妹楼经过修复,得以重生。

古北口的庙宇和古北口城,威廉·林赛摄于2006年

古北口的庙宇和古北口城，银骨胶照片，15厘米×10.5厘米，摄于20世纪20年代后期，拍摄者不详

第四章 百年回望，重摄长城

KUPEIKOU

Just beyond the Great Wall behind Peking, the stage of Kupeikou is situated, the first stage on the northward route outside the Wall. It stands along the Chao river. The sight of the Great Wall creeping along the top of the range of hills rising on the river bank tells tales of many pillages and raids by the "Northern Barbarians." The contrast between the Peking, the Center of the Chinese civilization, and Kupeikou, somber and solitary, with the Great Wall intervening, seems to speak eloquently of China's history for 2,000 years past.

老照片背面的说明文字

姊妹楼

吕文财大爷仔细审视一个世纪前拍摄的姊妹楼照片,嘟嘟囔囔地说:"姊妹楼不见了,都被破坏了!"姊妹楼是一大一小并肩屹立俯视山下潮河的两座敌楼。就建筑特点而言,姊妹楼在众多长城建筑物当中独一无二。

吕文财居住的西水峪村,距姊妹楼仅200米。他说抗日战争期间,中国军队在姊妹楼中设立了机枪阵地,抵御入侵日军,姊妹楼遭到日军轰炸——这是姊妹楼首次遭到破坏。20世纪70年代初,解放军在这里的山谷中修铁路,他们拆下姊妹楼和附近长城的砖用于修建临时营房,使姊妹楼再次遭到破坏。在向我介绍周围长城的时候,吕大爷说:"部队撤离后,附近农民纷纷把长城砖拣回家修院墙、垒牲口圈。要是有一天国家有钱把姊妹楼重建起来那就好了。"

这是一幅日本军队空中侦察获得的古北口照片,画面上能看到屹立在潮河旁的姊妹楼

吕文财的回忆,使打算重摄姊妹楼的我们感到沮丧。姊妹楼的老照片是20世纪30年代初拍摄的,照片背面有"A. H. Fung"(兆芳)的字样,字迹潦草。有趣的是,照片的说明把姊妹楼误称为屹立在海边的长城重镇山海关。我对拍摄者的情况一无所知。不过可以肯定,在照片背面写字的和拍摄照片的不会是同一个人。在照片背面写字的那个人看见照片上从姊妹楼身边流过的河水,便想当然地认为这是老龙头。我重摄的照片显示,不仅姊妹楼没有了,潮河也消失了——由于人们在河床上过度采沙取石,终于导致潮河改道。

　　我在这一带重摄长城之后,姊妹楼被纳入古北口长城保护区。当地镇政府在努力恢复此处有山有水的历史景观。这就再次证实了这样一个道理:"不变"是暂时的,而"变"是永恒的。

　　2015年姊妹楼经过修缮,得以重生。

吕文财大爷(2007年4月去世)对我们说:"姊妹楼不见了!"

姊妹楼，20世纪30年代初拍摄的银骨胶照片（手工着色，24.7厘米×19.5厘米）。来自兆芳照相馆

姊妹楼，威廉·林赛摄于2004年

重建后的姊妹楼，威廉·林赛摄于2015年

第四章 百年回望，重摄长城

古北口长城，罗哲文摄于1948年

古北口长城，威廉·林赛摄于2006年

姊妹楼的河边倩影

这幅姊妹楼中景照片,是赫尔曼·康斯坦1928年拍摄的。两座建筑物并肩屹立,这在长城全线都十分少见。对于姊妹楼并肩屹立,存在着好几种说法。其中一种认为,双楼并肩屹立,突出说明此处是战略要地——建设两座并立的敌楼,是为了让更多的士兵驻扎以应对紧急情况。另一个说法是大的那座用于屯兵,小的用于储存武器、给养。

当地有这样一个传说:一家姓马的有两个女儿,尽管姐妹俩相差好几岁,长相却像是孪生,然而一个个头高些,一个个头矮些。姐妹俩中的一个认识了受蓟镇总兵戚继光委派前来此地规划卧虎山防御工事的军官洪富。这里的河床既宽阔

姊妹楼的河边倩影,赫尔曼·康斯坦摄于1928年

又平坦，易攻难守，难倒了洪富。于是姐妹俩中认识洪富的那个便建议修两座一模一样、一大一小的敌楼，就像她们两姐妹一样。洪富决定照办，因为这个建议从战略角度看不仅符合逻辑，而且在长城沿线独一无二，似乎是个解决问题的可行办法。因为这建议是两个姑娘中的一个提出的，洪富就把这两座敌楼命名为"姊妹楼"。

这个故事是真是假暂且不论，可以肯定这种双楼并立的建筑物在长城沿线即使不是独一无二，也应当说极为少见。如此修建防御工事有助于增强守军的火力从而增加获胜的机会，而且长官前来视察时也会成为他们谈论的话题。

姊妹楼的河边倩影，威廉·林赛摄于2006年

卧虎山

1914年2月，弗雷德里克·克拉普从山海关出发，4月造访古北口长城。目睹此处长城之壮美，他写道：

> 4月的一天，我终于离古北口不远了。纵目望去，只见温暖宜人的春风中麦田鲜绿，春菜肥美，紫罗兰、蒲公英等野花满山怒放。中午时分，我看到在高低起伏的山脊上，彼此相连的敌楼形成一条曲线向前延伸，最后在远处的群山中消失。下午2时，我已经接近了位于潮河谷地的长城，各种敌楼、烽火台等尽收眼底，只见长城像是一条砖石长龙，从一座山脊蜿蜒爬向另一座山脊。长城几乎全天没有离开我们的视野，敌楼和烽火台在蓝天下屹立，构成了一幅精美的立体画。

卧虎山，弗雷德里克·克拉普摄于1914年

从他拍摄的照片上，可以看到潮河在卧虎山下蜿蜒流淌。九十年后，我来到这位美国地质学家曾经为之惊叹的地方，重摄这里的长城，却发现为了满足对建筑材料的巨大需求，人们大量挖取河里的沙石，使河道遭到破坏。

重摄古北口后，我进行了跟踪考察。我发现对长城景观因过度挖沙采石而遭到的破坏，人们正在采取工程措施予以补救。

卧虎山，威廉·林赛摄于2006年

古北口老城的北门

根据老照片背后的说明,北门口应当在古北口。然而,在参与长城重摄项目的专家中,没有一个能确定北门口的准确位置。当地人也说不准,有人说北门口在这里,有人说北门口在那里——当时,我们正在从山坡上的一座庙宇拍摄古北口古城全景,很多群众围观,他们都想看老照片,从而了解祖辈居住的古北口是什么样子。

我手中的北门口老照片,是赫尔曼·康斯坦在从北京到内蒙古的途中拍摄的,时为1928年。而我重摄古北口的时候,发现当年的北门口一带的敌楼都成了一堆堆的乱石。为了修建北京至内蒙古的主要陆路交通要道110国道,老照片上左首

北门口,赫尔曼·康斯坦摄于1928年

部分显示的潮河河床已被填埋。北门口早就被拆除,原先是北门口的地方,如今修了一条马路,直通附近一个村庄——北门村。北门口城楼上和城楼后面的长城工事也都不见了。

在北门村,我找到了正在晒太阳的刘老先生。92岁的刘永平老先生依旧记得北门口当年的面貌。他指着老照片上的一个人说:"瞧,这可能就是我!"老先生可能没说错——赫尔曼·康斯坦拍摄这照片的时候,他已经14岁了。

北门口,威廉·林赛摄于2006年

二道门

弗雷德里克·克拉普1914年拍摄的这幅照片比较罕见，这幅照片把前景、背景融合在一起。背景是连成一条曲线的几座长城敌楼，前景是一段笔直的长城。画面背景中有一座突出的敌楼，与上面有工事的墙连为一体。前景中的长城横亘在背景前，这段长城有城门。人们认为，这段长城可能是古北口老城墙的一部分。

老照片的说明文字说这里就是古北口。幸亏我在北门村找到了92岁的刘老先生。老先生说："这是二道门，也就是当年来古北口的人们看到的第二座门，我带你去看看。"当时，村里的男女老少都来了，他们感到好奇：为什么这位带着老照片的外国摄影师对老先生的话这样感兴趣。我对围观的人们说："老人是个宝，没有老人，历史遗迹难寻找。"

刘老先生登上自己的三轮车，从村子里的一条小路来到河边，接着穿过一些农家院落。我们看到，这些院落都有农民用长城砖搭建的属于他们自己的"长城"。接着左拐，来到当年的北门，在公路上走的时候，不断有大卡车响着震耳欲聋的喇叭从我身边飞驰而过。我终于到达了目的地，刘老先生说："这儿就是当年的二道门——瞧，城楼不见了，城墙也没了，全没了！"

1914年4月，弗雷德里克·克拉普在一个春风和煦的下午拍摄了古北口，而眼下的我却无法走到他拍摄照片的那个地方。此处的潮河已经支离破碎，河道上到处堆放着沙石，到处是挖取沙石遗留的死水坑，因此我无法站在克拉普当年拍摄照片的那个点上重摄二道门，而只能尽可能靠近那个点。刘老先生说："好，只要能拍上长城的残迹，就能对大伙儿说这里曾经是长城。"

92岁的刘永平老人告诉我北门口在哪里（老人于2007年12月去世）

第四章 百年回望·重摄长城

两个威廉与长城的故事

二道门，弗雷德里克·克拉普摄于1914年

二道门，威廉·林赛摄于2006年

潮河岸边的长城

过去路过古北口的时候，人们每每驻足拍摄潮河岸边的姊妹楼，还有附近的长城以及那座小城的城门。呈现在读者眼前的这幅独一无二的照片，清楚地显示了潮河两岸各种长城防御工事的分布。

这幅照片是英国军官宾斯蒂德（G. C. Binsteed）少校1913年拍摄的。对于这位军官的生平事迹以及他与中国的关系，人们知之甚少。可以肯定的是，伦敦英国皇家地理学会的档案材料表明宾斯蒂德少校是个合格的摄影师，在去中国北方更远的某个地方的途中，他曾经路过南口、喜峰口、古北口并考察了那里的长城。这些档案材料还表明，蒙古才是他的研究对象。

从他拍摄的照片上，我们看到蜿蜒在潮河边的长城通向姊妹楼。从这里起，人们在潮河上建设了一系列水门，这些水门既能控制河水流量，又是一种强有力的防御工事，能够防止敌军借用河道入侵华北大地。如今这些水门已无踪无影。关于潮河水门消失的原因，有着几种不同的版本。其一是清朝建立后，作为边防体系的长城被废弃，潮河水门当然会被拆除。还有人说潮河水门被洪水冲走了。

宾斯蒂德少校是站在长城上居高临下拍摄这幅照片的。在他的前方，长城向右面延伸并与J字形墙相连。这道J字形墙既是长城，也是城墙，它拱卫着照片中间左首下方的那个小城。以摄影师为中心，四周不远的长城开了四座门，不过从这个角度只能看到其中一座。

我再次上山，造访这里的长城。看到北门村那些砖砌的农家住房，我才明白这里的长城遭到了怎样的厄运。往下看，姊妹楼不见了，长城上的四座门也没有了。110国道与潮河东岸平行，车马再也不像过去那样穿过这四座门。远处能看到长城的残段，绿树后面已经没有什么东西可看。如果没有新老照片对比，人们目睹今天的这一切可能会有司空见惯的感觉。有了宾斯蒂德少校拍摄的照片，让我们看到当年潮河岸边长城的完整形象，对此我们既感到幸运，也不禁扼腕痛惜。

两个威廉与长城的故事

潮河岸边的长城，宾斯特德摄于1913年

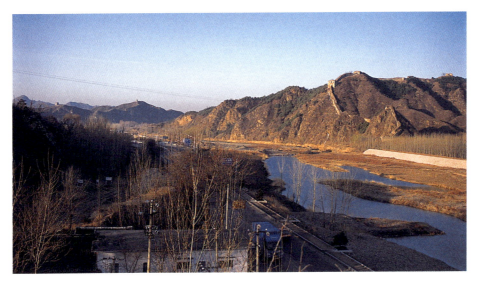

潮河岸边的长城，威廉·林赛摄于2008年

万里长城濒临渤海的第一座雄关——山海关老龙头,杰米·林赛和汤米·林赛航拍

七、山海关地区

渤海与河北省东北部的燕山山脉之间有一块沿海平原,山海关恰好位于这块平原最狭窄的部位。"山海关"的意思是"依山傍海的关隘",它准确地勾画出这一带的地形特点。历史上,山海关是中国东北游牧民族进入华北的必经之路,历代都认为山海关是最重要的战略要地之一,必须构筑严密的防御体系加以防守,力求做到万无一失。

山海关以长城遗存品种繁多、数量巨大而闻名。老龙头耸立在海岸线以外,山海关城楼上的"天下第一关"五个大字格外醒目。这里还有"万里长城第一山"的角山。在角山上向东看,山和海之间大约10公里宽的平原尽收眼底。晚明时期,从1614年到1620年,为了应对关外满洲兴起对边防造成的威胁,朝廷着手修建从山海关到中朝界河鸭绿江的长城。这段长城就是人们所说的"万里长城的辽东延长线"。

准确地说,山海关是明长城濒临渤海的东部终点。山海关毫无疑问是长城沿线最重要的关隘之一。山海关长城是明长城中最古老的地段之一。早在洪武十四年（1381），明朝大将徐达就奉命来山海关监造长城，为的是弥补各险要地段之间的防御疏漏。在此之前，徐达打退了元朝残余势力对北方的袭扰，把他们赶回蒙古草原，因此被封为"征虏大将军"。在此之后的二百五十多年中，山海关长城防御体系不断完善，16世纪中后期，在戚继光将军领导下明朝军民将之进一步完善。

今天，山海关与长城历史的不解之缘仍随处可见——在这一带，长城这条令人敬畏的巨龙从山海关蜿蜒爬至角山之巅；山海关城郊区的玉米地中，耸立着当年曾经是长城、现在已被灌木丛和野草完全覆盖的土墩，看上去像是裹在鲜绿色的天鹅绒中。此外，山海关城堡四周被高高的砖墙环围，城楼、牌坊不时可见。

只要在这个古老的城堡周围走一走，就不难发现长城的历史变迁的佐证。在有些地段，长城砖上刻有烧制日期的铭文，表明多数长城砖是万历年间生产的。大段大段的长城上破碎的墙砖是咸湿的海风使长城不断老化的见证。此外，人们还不时发现颇似地质断层的裂痕——突然发生的地壳运动显然也对长城造成了破坏。

人为的破坏主要来自20世纪早期发生的战争。19、20世纪之交，试图肢解中国的八国联军在山海关一带与中国武装力量交战。1933年，日本在侵占东北后派兵南侵华北，山海关一带成了重要的战场。战争使长城伤痕累累，在成千上万块长城砖上留下了弹痕，许多长城建筑物遭到炮击，要么被严重破坏，要么完全倒塌。

山海关是不是长城的终点？随着明长城测量的结束，明确了明长城的终点在辽宁虎山，这个问题的争论也随之结束。但是，颇具讽刺意味的是就在山海关，长城作为边防军事重镇的历史作用走到了终点。那是1644年，驻守山海关的明朝军事统帅吴三桂把山海关拱手献给满洲人，让南下入关的满洲军队进入山海关服远门。当时，李自成领导的农民起义军已经占领北京，崇祯皇帝自杀，明朝已被推翻。在这种情况下，吴三桂决定与关外游牧民族结盟共同镇压李自成农民起义。

由于吴三桂与满洲的结盟,清朝得以迅速建立,并在北京设立首都。在中国各朝代中,清朝是统治时间最长的王朝之一。清朝以前的各朝代无不在研究是否保留从前朝继承下来的边防体系——长城。满洲人是游牧民族,却采用了较为主动的政策从而一劳永逸地解决了另一个游牧民族——蒙古族袭扰华北的问题。

清朝皇帝经常从京城出发,去他们的关外老家拜谒祖陵,来回都要路过山海关。每次路过山海关,他们都要逗留几天,欣赏海边的美景。除皇家成员外,那时山海关吸引的游客主要是乘船来到这里的外国人。我在山海关重摄时参考的老照片,都是外国人拍摄的。

天下第一关激战,1933年意大利《星期日邮报》(*La Domenica del Corriere*)刊登的一幅画

抚宁县义院口

这幅老照片背面有"中国万里长城"的字样,对于我们这是典型的"无用线索",许多帮我们寻找这幅老照片拍摄地点的专家对此也爱莫能助。乍看上去,照片上的山有点儿像角山。这幅照片是与两幅角山老照片一起拍卖的,因此关于这座山可能是角山的猜想似乎有道理。但是仔细审视发现这不是角山,于是我们下定决心找到它,把它纳入我们的研究范围。

经过仔细研究,我感到这幅老照片可能是某位旅行者在北京与山海关之间某个地方拍摄的。它的构图非常美,充分展现了这位20世纪20年代的无名摄影家高超的摄影技巧。这位摄影家可能是走小路到此拍摄这张照片的,如果是这样的话,那他的大部分行李应当是专业摄影器材。

最后还是长城专家成大林辨认出这幅老照片的拍摄地点是抚宁县义院口。成大林自己曾经在这里拍过照片,拍摄地点与老照片大体相同。义院口是抚宁县境

抚宁县义院口,银骨胶照片,27.2厘米×21厘米,摄于20世纪20年代末,拍摄者不详

内一个相对不太重要的关隘,从山海关到这里开车大约需要两个小时。

义院口老照片上有六座敌楼,其中三座现状良好,围墙内的一切也大体保持原样。老照片上方的第四座敌楼有一块石碑;现在这块石碑仍在。山坡上的长城工事现状也不错。尽管如此,与其他地方的长城一样,这里的长城在人和自然双重作用下也发生了一些变化。人为的破坏,加上自然损毁,长城的不少地方在20世纪崩塌。

义院口山上高处的长城保存较好,而低处的长城则遭到了相当程度的破坏——为了获取现成的建筑材料,当地农民不惜把低处的长城拆掉。整体上说,在这里蜿蜒的长城仍然能构成一条线,但是低处的长城建筑物已不见踪影,高处长城的狭窄部分已经失去了原有的形态,上面长满了野草。

抚宁县义院口,威廉·林赛摄于2006年

拿子峪山谷中的实心敌台

一条被骡马践踏出来的小路穿过河北省抚宁县的长城。就在这长城的附近，威廉·盖洛至少拍摄了四幅照片。现已确定，1908年6月1日威廉·盖洛从山海关动身踏上全线考察万里征途的次日，即1908年6月2日，便拍摄了抚宁县的长城，其间逗留了至少一个小时。这里是其中两幅，两者拍摄地点相距约150米。

离山谷70米处，高高地耸立着一座独立于长城主线的敌台。从威廉·盖洛拍摄的照片上，我们不仅能看到这座敌台上部的三分之二，还能确认敌台与长城之间的位置关系。在万里长城全线，很少有地方如此布局防御工事，山谷中构建敌楼的情况更是罕见。这幅照片被制作成大屏幕幻灯片。由于上了色，我们能清楚地看到这座敌台相当精美，它的下半部用大块石头构筑而成。威廉·盖洛走过来的路横穿画面。准确地说，它的位置在敌楼背后20米处。

这座敌台只是作战平台，没有房间，也没有入口和门廊。威廉·盖洛让手下人爬上去，为的是使画面突出敌台的这个特点以及它的高度（大约14米）。当年守卫敌台的士兵靠可以随时放下、随时收回的绳梯上下；一旦入侵之敌借道山谷攻击长城，这些士兵便会向其背后开火。

我于2008年5月24日来到拿子峪，重摄那里的长城。这座漂亮的敌台仍然完好无损，过去一个世纪中发生的天灾人祸，无论是1958年至1959年的"大跃进运动"，还是发生在离此地仅80公里的、烈度高达八级的唐山地震，都没有给它造成破坏性的影响。这显然要归功于高标准的建设和高质量的建筑材料。整座敌台用拼接严丝合缝的大块石条建成，即使在地壳剧烈运动中也能保持稳定。把这敌台拆了，把大石块用作建筑材料？这个活计只有古罗马神话中的大力神赫拉克勒斯才能干。而且即使把石块拆了下来，怎样把它们运走、运走后如何切割也是问题。眼下敌台顶部长满了小树，像是楼顶花园。四周农田里有农民在锄地,我的考察活动引起了他们的好奇。几位老农满怀兴趣地审视我带来的老照片,说他们的先辈都不记得一百年前有个叫威廉·盖洛的外国人来过这里。我问这座敌台叫什么名字,让我吃惊的是他们都说没有名字。

威廉·盖洛当年走过的路仍在敌楼背后,我也是走这条路来到拿子峪的。经历了一个世纪的人踩马踏,这路以及羊肠小道依然保持原样。

两个威廉与长城的故事

拿子峪山谷中的实心敌台，威廉·盖洛摄于1908年

拿子峪山谷中的实心敌台，威廉·林赛摄于2008年

第四章 百年回望，重摄长城

拿子峪的砖结构尖塔状敌台

在这幅照片上,我们看到长城从画面右边的路起,向上爬上陡峭的高山,当年这条路应当穿过长城上的一座门。引人注目的是那个尖塔状的砖结构建筑物原来是一个作战敌台,如今已垮塌了四分之三。从这里开始长城陡然向上,长城的墙面主要用砖镶砌,两边都有至今保存完好的城垛。天际线上的长城向右拐弯。整段长城上的城垛看起来状况良好。

重摄拿子峪长城的时候,我发现这个尖塔状建筑物仍在,这使我颇为惊异。

拿子峪的砖结构尖塔状敌台,威廉·盖洛摄于1908年

用它做参照物,我很快就找到了威廉·盖洛当年安放相机的准确地点。一个世纪过去了,这座建筑物只是矮了大约几块砖。照片前景中的城垛已经垮塌,其余部分的城垛保留了下来。

我是在临近傍晚、阳光低照的时候拍摄这幅照片的。威廉·盖洛的原作照片被制作成上了色的幻灯片——我在这个时候拍摄,使得画面非常接近威廉·盖洛的原作。

拿子峪的砖结构尖塔状敌台,威廉·林赛摄于2008年

山海关系列照

这些照片中,最早的拍摄于 20 世纪 20 年代,拍摄者不详。20 世纪 80 年代后期,我们重摄了这些老照片显示的地方。新老照片都是山海关鸟瞰图,再现了山海关一带的地理风貌。山海关在濒临渤海的平原上,画面上方是渤海湾的海岸线。

20 年代的老照片让我们看到了从角山到山海关这段砖石长城的原貌。请看照片细部:这段长城的敌楼在画面上相当突出,它们面向北方,基础部分有敌台支撑。画面上还有山海关的主要敌楼,画面左首是它的北墙。大部分建筑物分布在城堡的围墙里。在画面的上方以及山海关外,长城绵绵不断地蜿蜒爬行到它的终端老龙头,其间只有一处被铁路线穿越。

1986 年 8 月,我们来到这段长城。从我们新拍的照片上,可以看到从角山脚下向上到一号敌楼的长城已经修缮。重摄的时候正值夏季,这个时候满山的植物特别茂密,因此很难显示角山下平原地区发生的变化。然而,山海关城墙外的建筑物显然多了起来。此外,清晨的炊烟污染了这里的空气,还使长城变得不那么清晰。

1987 年 12 月再次来这里时,发现照片前景中的长城又有 150 米得到修复。平原长城的砖砌表面看不见了,此外又有两处被金属步行桥连接。城墙外的大量建筑物清楚地显示,山海关城的规模扩大了。

2006 年,我第三次来到山海关。到这个时候,山海关长城修缮工程已经结束,这就为我们把老照片上的四个地方全部拍完创造了条件。

山海关，银骨胶照片，27.2厘米×21厘米，摄于20世纪20年代，拍摄者不详

山海关，威廉·林赛摄于1986年

山海关，威廉·林赛摄于1987年

山海关，范洪亮摄于2006年

第四章 百年回望，重摄长城

角山

这里有两幅高质量的银胶版印制画,均选自一本有 12 幅系列照片的个人相册,这些照片附有英文说明。相册可能属于一名英国水手,照片拍摄于 20 世纪 20 年代初。

照片是船上一位有相机的高级船员拍摄的,照片的英文说明也出自这位高级船员之手。根据说明,我们知道这条船的全体水手正在游览长城登岸后经过的第一座山峰,即山海关以西 4 公里处的角山。1924 年至 1926 年,英国军队在这一带相当活跃。

让我们看第一幅照片,画面是从角山向上拍摄的长城一号敌楼,敌楼前有几名英国水手与中国导游合影。从长城的外墙看,那时长城上的工事只是部分完好。第二幅照片是在第一幅照片画面上方约 30 米处拍摄的,而拍摄方向与第一幅相反,是朝着山下的平原拍的。这幅照片显示,较低处长城工事的状况更糟。山脚下,20 多头骡子在吃草。那时前来角山的游客全部来自锚泊在海岸线以外的轮船或者岸上的军营,十之八九可能来自老龙头。到角山游玩,骡子是唯一的交通工具。

我在此地重摄的照片显示,在邓小平"爱我中华,修我长城"的号召下,角山长城已被修复。这个工程于 1984 年启动,先从山脚下的长城建筑物修起,随后向上修,用了几年时间才完工。

角山长城的修复,遵循了联合国教科文组织关于世界遗产修复工程的《威尼斯公约》规定的指导方针。现在,只要看看砖的颜色,就能区分角山长城重修的部分——新砖是灰色的,而老砖是暗黄色。但是人们把白色的电线拉上角山,在长城建筑物的压顶石上接了很大的灯泡;角山原先很难攀登,现在山上修了金属扶梯,还修了登山路。

角山（仰视），摄于20世纪20年代，拍摄者不详　　　　　　　　　角山（仰视），威廉·林赛摄于2004年

第四章　百年回望·重摄长城

两个威廉与长城的故事

角山（俯视），拍摄于20世纪20年代，拍摄者不详

角山（俯视），威廉·林赛摄于2004年

天下第一关

明信片上的老照片的说明是"山海关的大门",背面有"在这里发生过最激烈的战斗"的字样。照片的画面是悬挂着"天下第一关"横匾的山海关城楼。

山海关城墙周长4.7公里,"天下第一关"是最重要也是最有名的城楼。老照片左方背景显示城门的入口处,可以看到它的标志物——石头狮子和坡道。坡道通往一所学校,明朝的时候,这个学校是一处庙宇。一条道路穿过拱形城门,这条路用经过打凿的石块铺就;右面城墙上有五块彩色广告牌。一个外国人在这城门下面摆好姿势照相。这个外国人头戴帽子,穿一条马裤,上身是衬衫,还扎着领带。在他照相的时候,有个中国男人和一个男孩从旁边走过。

山海关长城博物馆原馆长王雪农先生说,明长城与大海相连的终端——山海关,不同于一般的长城关口。山海关是完整而严密的古代军事防御体系中的一个典范之作。山海关的标志性建筑"天下第一关"城楼建于公元1381年,明清两代都经过多次修缮。从这张约摄于清末的关前风貌摄影作品看,城楼似乎刚刚经过一次较大规模的修缮。其后百年间,这座关城又经历了岁月剥蚀和战火创伤。令人欣慰的是20世纪末维修后的城楼,基本上还保存着百年前的风貌。但是关前的衙署和衙署门前的石狮子却不在了。王雪农认为历史是有机、完整的,构成历史的不仅仅是文物本身,还包括文物古迹周围的历史风貌。

两个威廉与长城的故事

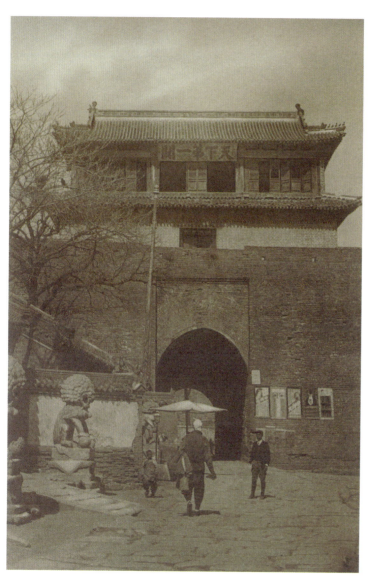

天下第一关,1905年用红褐色照片制作的明信片,13.5厘米×8.5厘米,写信的人名叫哈罗德(Harold)

第四章 百年回望，重摄长城

天下第一关，威廉·林赛摄于2004年

服远门

　　这幅老照片发表在 1923 年美国《国家地理》杂志上，是为一篇题为《中国万里长城》的文章配发的。照片拍摄者就是文章作者亚当·沃里克。照片的说明是"万里长城第一关——山海关城门"。

　　"山海关城门"，其实是山海关外城（东罗城）的东城门，正式名称是"服远门"，即从东面进入山海关城的第一道城门。走进城门，你会看到正面拱门的上方有一块青色的石匾，石匾上刻着"山海关"三个大字。山海关有许多长城遗迹，服远门只是其中之一。老照片显示的画面可能是 1922 年某个时候的服远门，是文章作者应美国国家地理学会的要求返回华盛顿前拍摄的。照片的拍摄角度清楚地显示出服远门与长城之间的空间关系：城楼上有壁阶，这样守军就能在面向城外的墙面上方点燃烽火。从照片上还可以看到城楼的上层建筑，特别值得一提的是城楼左方房檐上的瓦和木质椽子仍然完整。过去，城楼下的拱门是人们进出山海关城的唯一通道。

　　从这幅老照片上可以看到城门两边的城墙。左面城墙上的砖已经成片脱落，墙内的砌砖一览无余。照片右面的城墙和凸出的敌台有些向后缩。照片上的城门口被水淹了，可能是此地刚刚下过倾盆大雨；我们还能看到城门下有一处简陋的棚屋，还有赶牲口的骡夫。

　　2005 年 6 月我们重摄山海关时，发现服远门有些破损。城门右边的城墙大体完整，但是为了修一条进城的路，左边的城墙已被拆除。新路替代了原先进出山海关城的唯一通道——那座狭窄的老城门。城楼以下如今重新砌了砖，但城门本身显然遭到了进一步的破坏，特别是它的上部。

　　听说有关方面正在修缮山海关长城，服远门也在重修，我们于 2006 年 6 月再次来到山海关。当时，我们看到这个巨大的工程正在进行，城门搭起了脚手架，周围拉起了安全网，为了减少飞尘，正在施工的建筑物整个儿被绿色的苫布覆盖。

第四章 百年回望，重摄长城

服远门，亚当·沃里克摄于1922年

服远门，威廉·林赛摄于2005年6月

两个威廉与长城的故事

服远门，威廉·林赛摄于2006年6月

服远门，威廉·林赛摄于2006年11月

重修服远门的建筑工人，威廉·林赛摄于2006年

  在河北省古建筑修建集团公司的监督下，重修山海关服远门按照"修旧如旧"的原则进行。据现场负责人介绍，重修所用的泥灰完全按照传统工艺生产，砖砌上去后，也要用传统的方法灌缝——用于重修城楼上层和通道的泥灰全用黏米汤搅和，为的是更有效地防止雨水渗进砖缝。城楼的木质结构已经完工，晾晒十二个月后才上油漆。我们看到除了一台运送建筑材料的电梯，重修服远门全部使用传统方法，工人使用的也都是传统工具。

  2006年11月，我第三次也是最后一次重摄山海关——随着重修工程的结束，服远门恢复了三百七十二年前的风貌。

濒临渤海的长城

　　这是一张像明信片那样大小的银胶版印制画,背面的说明告诉我们,这张照片是1930年冬季拍摄的,当时海水已经冰封。画面是在东北方向紧挨老龙头的一段大约100米的长城。如果这张照片的中右部没有清晰地显示老龙

濒临渤海的长城,银骨胶照片,13.8厘米×8.8厘米,摄于1930年,拍摄者不详

头径直的敌台——长城从这里直接登岸——那就很难见到左首面向大海的那段长城。在这张照片中，这段长城已经被海风吹来的沙子掩埋，成了一个长满草的土墩。

重访此地，看到人们已经把老龙头的敌台基础从沙丘里挖掘出来，墙的上部也已经重修。即使在 200 米远的地方，我们也能把青砖新修的胸墙与饱受海水冲刷而且埋在沙里的敌台区分开来。

濒临渤海的长城，威廉·林赛摄于2006年

老龙头

长城在老龙头伸入海中,由此决定了老龙头在整个长城体系中的重要地位。然而,老龙头的老照片却十分稀少。1900年,老龙头被英国海军的炮火摧毁,在此之后,只有极少数摄影师对它的废墟感兴趣。这里有一张可能是20世纪初制作的明信片,画面右首远处是面向大海的老龙头敌台,左首远处是渤海里的老龙头废墟。

1987年,我拍摄了重建后的老龙头,发现敌台基础里的泥沙已被清理干净,顶层重新砌了砖,胸墙也已修复。从远处,即使从距离400米的地方,也能清楚地看到修复后的老龙头在大海中重新站立起来。老龙头的前景是夏季游人如织的海滩。海面上有不少退潮时半被淹没的礁石,凭借这些礁石,我找到了明信片上那幅老照片的拍摄地点。

已经沦为废墟的山海关老龙头,威廉·盖洛摄于1908年

老龙头,20世纪30年代拍摄的银骨照片,14厘米×9厘米,摄影者不详

老龙头,威廉·林赛摄于2006年

第四章 百年回望,重摄长城

两个威廉与长城的故事

仍是废墟的老龙头，威廉·林赛摄于1986年

老龙头于1987年得到重建。这是重建后的老龙头，威廉·林赛摄于2004年

【结束语】

长城重访,仍将继续

多谢玛约里·黑塞尔·笛尔曼女士的慷慨，我结识了长城探险先驱威廉·埃德加·盖洛。从2003年起，我每年都在春秋两季用好几个星期的时间在长城全线系统地重摄长城。如果没有威廉·盖洛拍摄的长城老照片，如果不是我与威廉·盖洛都与长城结下了不解之缘，那么我就不会在长城最需要保护的时候重摄长城。1987年，我曾独自一人步行考察了明长城全线，最近几年，在长城保护的重要性日益突出的时候，我沿着长城探险先驱的足迹再访长城——对于这一切，我都感到无上光荣。

为了向读者呈献这份关于长城今昔状况的报告，我同时扮演了好几个角色——摄影师、记者兼学者。俗话说得好，摄影不会撒谎。重摄技术说来简单，却能使公众通过对比在同一地点拍摄的新老两幅照片得出自己的结论。

写作也并非轻而易举。作为本书作者，我在浩如烟海的历史文献中寻找资料，同时收集现代关于长城的故事，还得把见证人的精彩言论记录下来，抓住他们经历中的精彩片段。我力求做到完全客观。对比成组的新老照片，人们会发现有些地方的长城保护工作有所失，另外一些地方的长城保护工作则有所得，而且得失都不限于一个方面。对于这一切，我都尽量不发表个人意见，尽量避免主观臆断。我只是如实描述我的所见，如实报告我的所闻。在许多情况下，对事物的评价往往取决于个人的口味，或者说取决于个人对文化遗产保护工作的看法，因此主观片面也就在所难免。

然而，我毕竟是怀着感情写这本书的，因为我描述的对象是长城；而我个人、国际长城之友协会以及我们的支持者无不热切地关注着长城。如果本书有任何错误、误释，如果本书对某些人士的观点或建议复述得不够充分，我都要负全部责任。我还要强调，本书并不一定代表我们的支持者的观点。为给长城保护工作做出国际性的贡献，我们大家一直在团结奋斗。保护好万里长城，是我们和我们的支持者的共同心愿。但是，在如何保护长城这个问题上，大家可能有不同的看法。

为了在 150 个地点重摄长城，我从玉门关走到老龙头，行程估计超过 35000 公里。许多地方我反复去过，为的是确保新照片在取景、光线、背景、拍摄季节等方面尽可能与老照片一致。尽管如此，在为本书写结束语的时候，我仍不能说作为研究项目的长城重摄工作已经结束。如果我断言本项目已经结束，那就意味着我放弃了重摄技术的真谛，即眼下的"不变"只是暂时，而"变"才是永恒。

今后还可能有新发现的老照片出现在博物馆或拍卖场，而且由于数字技术的发展，欣赏博物馆藏品也将越来越容易。但最重要的是在永恒的变化中，许多拍摄时间相对不长的照片终究会变成老照片，无论这变化的原因是好还是坏。

长城重摄是一个持续不断进行的项目，因此可以认为本书只是该项目的启动报告。可以肯定，这个项目将不断扩展，其内容将更加详尽。无论今后的时间有多长，只要有机会，我就要继续下去。我期待将来会有第三个"威廉"出现，把威廉·盖洛和威廉·林赛做过的事情继续做下去。威廉·盖洛拍摄长城，记下了各处的地名，并写了说明；重摄长城的我找到了每处长城的 GPS 坐标，从而让第三个"威廉"不费力气就能找到要去的地方。

参考书目

中文

《山丹长城》(河西走廊深度旅游丛书),陈淮著,深圳:西部大地文化传播,2004年
《古北口揽胜》,白天著,北京:北京燕山出版社,1993年
《陕北长城》,李生程著,西安:陕西人民美术出版社,2008年
《疏勒河流域汉代长城考察报告》,岳邦湖、钟圣祖著,北京:文物出版社,2001年
《榆林长城研究》,吕静主编,西安:三秦出版社,2004年
《天下雄关》,王金摄影,胡杨撰文,兰州:甘肃人民美术出版社,2003年
《中国胡杨》,王金摄影,胡杨撰文,兰州:甘肃人民美术出版社,2008年
《嘉峪关及明长城》,高凤山、张军武编著,北京:文物出版社,1989年
《敦煌汉代玉门关》,敦煌市博物馆编,兰州:甘肃人民美术出版社,2001年
《沙飞摄影全集》,王雁主编,北京:长城出版社,2005年
《我的父亲沙飞》,王雁著,北京:社会科学文献出版社,2005年
《中国历史地图集》1—2册,谭其骧主编,北京:中国地图出版社,1990年
《长城百科全书》,中国长城学会编,长春:吉林人民出版社,1994年

英文

Barfield, Thomas J., *The Perilous Frontier: Nomadic Empires and China*, Cambridge, Mass.: Blackwell, 1989

Cheng, Dalin, *The Great Wall of China*, Beijing: New China News Ltd., 1984

Franke, Herbert, and Twitchett, Denis (eds), *The Cambridge History of China*, Vol. 6, *Alien Regimes and Border States*, Cambridge: Cambridge University Press, 1994

Hartog, Leo de, *Genghis Khan: Conqueror of the World*, London: Tauris, 1999

Lattimore, Owen, *Inner Asian Frontiers of China*, New York: American Geographical Society, 1940

Lindesay, William, *Images of Asia: The Great Wall*, Hong Kong: Oxford University Press, 2003

Luo Zhewen, et al., *The Great Wall*, London: Michael Joseph, 1981

Mote, Frederick, W., and Twitchett, Denis (eds), *The Cambridge History of China*, Vol. 7, *The Ming Dynasty, 1368–1644*, Part I, Cambridge: Cambridge University Press, 1988

Mungelo, D. E., *The Great Encounter of China and the West, 1500–1800*, Lanham, Rowmna & Littlefield, 1999

Tsai, Henry, *Perpetual Happiness: The Ming Emperor Yongle*, Seattle: University of Washington Press, 2001

Twitchett, Denis, and Fairbank, John. K. (eds), *The Cambridge History of China*, Vol. 1, *The Ch'in and Han Empires*, Cambridge: Cambridge University Press, 1986

Waldron, Arthur, *The Great Wall of China: From History to Myth*, Cambridge: Cambridge University Press, 1990

Wilkinson, Endymion Porter, *Chinese History: A Manual*, Cambridge, Mass.:

Harvard University Asia Center, 2000

Clapp, Frederick, G.,"Along and Across The Great Wall of China", *The Geographical Review*, Vol. IX, No. 4 (April–June 1920): 221–249

关于图片

老照片的见证人证词的出处

Bredon, Juliet, *Peking*, Shanghai: Kelly & Walsh, 1919

Cable, Mildred, & French, Francesca, *The Gobi Desert*, London: Hodder & Stoughton, 1942

Clark, R. S., & Sowerby, A. de C., *Through Shen-Kan*, London: Fischer Unwin, 1912

Geil, William Edgar, *The Great Wall of China*, London: John Murray, 1909

Götting, Doris, *Bilder aus der Ferne*：Historiche Fotographien von Hermann Consten, Bonn.: 2005

Hayes, L. Newton, *The Great Wall of China*, Shanghai: Kelly & Walsh, 1929

Hayes, L. Newton, *Gentle But Valiant: Selected Writings of L. Newton Hayes*, Santa Fe: Vergara, 1979

Lindesay, William, *Alone on the Great Wall*, London: Hodder & Stoughton, 1989

Macartney, Lady Catherine, *An English Lady in Chinese Turkestan*, London: Ernest Benn, 1931

Nieuhoff, Johan, *History of China*, London: John Macock, MDCLXIX

Rohan, Charles E., *East Meets West: The Jesuits in China, 1582–1773*, Chicago:

Loyola University Press, 1988

Ricci, Matteo, *China in the 16th Century: The Journals of Matteo Ricci*, Random House: New York, 1942

Sowerby, R. R., *Sowerby of China*, Kendal: Titus Wilson & Son, 1956

Staunton, George, *An Authentic Account of an Embassy from the King of Great Britain to the Emperor of China*, London: Nicol, 1797

Stein, M. Aurel, *Ruins of Desert Cathay*, Vols. I & II, London: Macmillan, 1912

Stein, M. Aurel, *Serindia*, Oxford: Clarendon Press, 1921

Thomson, John, *Illustrations of China and Its People*, London: Sampson Low et al., 1873

Warwick, Adam, "A Thousand Miles along the Great Wall of China", *The National Geographic Magazine*, Vol. XLIII, 2 (February 1923): 113-143

Whitfield, Susan, *Aurel Stein on the Silk Road*, London: British Museum Press, 2004

Wilson, Philip Whitwell, *An Explorer of Changing Horizons*, New York: George H. Doran Company, 1927

Yamamoto, S., *Views and Custom of North China*, S. Kojima: Tokyo Printing Co., 1909

关于地图

Nebenzahl, Kenneth, *Mapping the Silk Road and Beyond*, London: Phaidon, 2004

Smith, Richard J., *Images of Asia: Chinese Maps*, Hong Kong: Oxford University Press, 1996

Van den Broecke, Marcel P. R., *Ortelius Atlas Maps: An Illustrated Guide*, Netherlands: Hes Publishers, 1996

Yan, Ping, et al., *China, in Ancient and Modern Maps*, London: Sothebys Publications by

Phillip Wilson Publishers, 1998

关于重摄照片

Klett, Mark, et al., *After the Ruins 1906–2006: Rephotographing the San Francisco Earthquake and Fire*, Los Angeles: University of California Press, 2006

Levere, Douglas, *New York Changing*, New York: Princeton University Press, 2005

Various authors, *Grand Canyon: A Century of Change*, Pheonix: University of Arizona Press, 2005

关于环保资料

Tung, Anthony M., *Preserving the World's Great Cities*, New York: Clarkson & Potter, 2001

Woodward, Christopher, *In Ruins*, London: Chatto & Windus, 2001

图片来源和版权说明

图片版权均属于莱科克家族；
图片版权或所有权属于威廉·林赛；
美国宾州多埃斯顿城历史学会
由王雁女士提供；
荷兰乌得勒支大学图书馆（University of Utrecht Library, Netherlands）
英国大英图书馆（The British Library）
伦敦皇家地理学会（The Royal Geographical Society, London）

美国地理学会（The American Geographical Society）
伦敦维多利亚和阿尔伯特博物馆受托人（The Trustees of Victoria & Albert Museum, London）
北京图书馆
伦敦韦尔科姆图书馆（The Wellcome Library, London）
图片生活代理公司（Photolife Agency）
美国自然博物馆（The American Museum of Natural History）
澳大利亚悉尼动力博物馆（Powerhouse Museum）
君士坦丁庄园（The Consten Estate）
美国国家地理学会（The National Geographic Society）